臺灣歷史與文化 研究輯刊

初　編

第 10 冊

日治時期觀光與地方發展之研究：
以臺中州爲例

李 依 陵 著

花木蘭文化出版社

國家圖書館出版品預行編目資料

日治時期觀光與地方發展之研究：以臺中州為例／李依陵 著
— 初版 — 新北市：花木蘭文化出版社，2013〔民 102〕
目 4+170 面：19×26 公分
（臺灣歷史與文化研究輯刊 初編：第 10 冊）
ISBN：978-986-322-263-7（精裝）
1. 旅遊　2. 臺灣
733.08　　　　　　　　　　　　　　　　102002946

ISBN-978-986-322-263-7

9 789863 222637

臺灣歷史與文化研究輯刊
初　編　第 十 冊　　　　　　　ISBN：978-986-322-263-7

日治時期觀光與地方發展之研究：以臺中州爲例

作　　者　李依陵
總 編 輯　杜潔祥
出　　版　花木蘭文化出版社
發 行 所　花木蘭文化出版社
發 行 人　高小娟
聯絡地址　235 新北市中和區中安街七二號十三樓
　　　　　電話：02-2923-1455／傳真：02-2923-1452
網　　址　http://www.huamulan.tw 信箱 sut81518@gmail.com
印　　刷　普羅文化出版廣告事業
初　　版　2013 年 3 月
定　　價　初編　30 冊（精裝）新臺幣 60,000 元　　　版權所有‧請勿翻印

日治時期觀光與地方發展之研究：以臺中州爲例

李依陵　著

作者簡介

　　李依陵，桃園人，大學於指南山麓主修日文，後於中興大學研讀臺灣史，期間前往日本山口大學交換學生，現擔任中央研究院臺灣史研究所檔案館館員。過往的求學歷程，以及異地生活的經驗，加深了自己對於臺灣這塊土地的關懷與歸屬感。同時也驅使著我不斷思考，如何尋得一個對於故鄉甚或是對於國家的認同標的。我想或許唯有正視歷史，將過去和「現在」連結，找回對故鄉、對家族、對島嶼的歷史記憶，才能找到出口吧。謹以此自勉之。

提　　要

　　本論文以日治時期的臺灣為研究背景，主要是以歷史學的方法，從後殖民研究的視角，運用觀光學的理論，探討日治時期殖民統治下政治權力、觀光、地方三者之間的相互關係，以及殖民地觀光發展的特殊性。以臺中州作為研究對象，深入研究日治時期觀光之於地方，在文化變遷、景觀生成、居民的地方認同、地方經濟等問題上有何影響，並得出三點結論。

　　第一，文化可以透過觀光產生改變，甚至是創新。在臺灣總督府治理之下，從一個單純迎合母國，並以經濟利益為導向的殖民地經營開始，間接促成臺灣近代觀光旅遊環境的形成，形成戰後臺灣地方觀光發展的基礎。殖民者的國家權力導入觀光脈絡，臺日融合的觀光文化甚至遺留至今，例如溫泉文化、海水浴場等。

　　第二，在強大的政治權力主導下，市區改正計畫進行，觀光地及休憩場所被開發。隨著臺灣總督府投入大量資金進行觀光宣傳並規劃旅遊路線，臺灣的地方特色也漸趨定型，觀光土產製造業發達。而從臺灣八景選拔活動和國家公園指定等觀光振興政策，可知臺灣風景觀，受到殖民權力作用的影響甚鉅。

　　第三，透過觀光這個展示與觀看的過程，在一定程度上對於臺灣人民地方認同產生有影響。透過觀光活動的進行，作為觀光主體的觀光客藉由了解他者而獲得重新審視己身的機會；作為觀光客體的觀光地也在被觀看的過程中，發展出專屬於己身的面貌。日治時期觀光的發展，提供給臺灣居民一個重新認識土地的機會，形成地方認同的初步基礎。

目

次

第一章 緒 論

一、研究動機與目的

21 世紀以來，資本主義全球化的浪潮襲捲世界，資訊爆炸並透過千百種媒介快速地傳佈至世界各地。另外，伴隨著交通工具的發達，國家之間的距離縮短，人與人之間的互動往來也隨之便利。但是，在資訊交流頻繁的現今，人雖然有自主權，卻有意無意地接受強勢文化的價值觀，不管是大眾文化、政經體制、思維模式等層面都正在歷經一個慢性同化的過程。面對強勢文化的侵襲，身為臺灣人應當如何建構文化主體，跳脫被變相殖民的困境，是一個值得反思的問題。

關於文化的保存與發揚，先進國家投入大量金錢與人力，透過政策主導進行文化的再包裝，其中，文化觀光產業即是重要的一環。乍看之下，文化保存與觀光發展，兩者之間似乎是有所牴觸的。但是，對於急需文化紮根以及自我定位的臺灣來說，觀光不但可催生地方文化內涵，宣傳臺灣特色與臺灣之美，更附加有龐大的經濟效益。因此，本文欲從歷史學的角度探討觀光與地方發展的關聯，釐清觀光之於人與土地，三者之間的互動關係。

本文以日治時期的臺灣為研究背景，主要是以歷史學的方法，從後殖民研究的視角〔註 1〕，運用觀光學的理論，探討日治時期觀光與地方發展的相

〔註 1〕 在當代文學研究、文化研究與批判研究中，「後殖民」大致上指涉的是史碧瓦克（Gayatri C.Spivak）在 "Outside in the Teaching Machine" 此一著作中所主張的，「後殖民」的「後」（post）不一定指「之後」，而是由於殖民影響，產生兩種社會文化的接觸。在這類的論述中，強調轉變和重新改變（transforming and remarking）在這類權力關係中重新作調整。廖炳惠，《關鍵詞 200：文學與批評研究的通用辭彙編》（臺北市：麥田出版社，2008 年），頁 198～199。（初版 12 刷）

互關係，以及殖民統治下觀光發展的特殊性；以臺中州作爲研究對象〔註2〕，深入探討日治時期觀光之於地方，在文化變遷、景觀生成、居民的地方認同、地方產業經濟等問題上有何影響。本文以下列三個問題爲主軸，展開論述。

第一，日本的殖民統治對於臺灣近代觀光發展的影響。在臺灣總督府治理之下，臺灣作爲具備典型殖民經濟網絡的殖民地，爲迎合日本內地所需，經濟發展以及都市建設皆以母國利益爲優先。從一個單純經濟利益導向的殖民地經營開始，間接促成臺灣近代觀光旅遊環境的形成。

第二，回歸歷史脈絡，從後殖民的角度探討地方特色、觀光文化與臺灣風景觀的形成，受到殖民權力作用的影響甚深；而日治時期的觀光發展，爲戰後臺灣的觀光文化奠定基礎，當時於各地形成的地方特色甚至遺留至今。

第三，透過觀光這個展示與觀看的過程，在一定程度上和居民地方意識及地方認同的萌芽相關。日治時期的觀光發展，提供給臺灣居民一個重新認識土地的機會，因而「臺灣」的概念逐漸具體化，形成地方認同的初步基礎。爲解決上述三個問題，本文以臺中州作爲研究對象進行研究。

根據史料所示，1940 年代，臺中地區的旅館數量僅次於臺北，居於全臺第二位。〔註3〕從臺中的旅館數量可知其境內人們交流往來之頻繁，觀光旅遊之興盛。臺北作爲行政中心，旅館數量居冠是可以理解的，而臺中州則是在臺灣總督府的殖民統治下，具備了諸多條件有利於觀光，在日本殖民統治以後，一躍成爲新興的觀光地。因此，本文擬以臺中州爲例說明日治時期觀光、殖民政策與地方發展的連結性。

〔註2〕 大正 9 年（1920）地方行政區劃變更，全島劃分爲 5 州 2 廳，分別是臺北州、新竹州、臺中州、臺南州、高雄州、花蓮港廳與臺東廳。起初，臺中州下轄臺中市 1 市 11 郡，後納入彰化市下轄 2 市 11 郡；11 郡爲東勢郡、豐原郡、大甲郡、大屯郡、彰化郡、員林郡、北斗郡、能高郡、新高郡、南投郡和竹山郡；郡下又細分爲 10 街 47 庄。由於大正 9 年以前，尚未出現行政區劃「臺中州」，因此關於大正 9 年（1920）以前的論述，則以臺中、彰化、南投一帶爲主，此區域爲大正九年以後臺中州的行政區劃。臺灣日日新報社，《臺灣地方制度要覽》（臺北州：臺灣日日新報社，大正 9 年（1920）），頁 1。臺中州，《臺中州概觀》（臺中州：編印者，昭和 11 年（1936）），頁 10。

〔註3〕 1940 年臺中的旅館總數爲 461 間，僅次於臺北的 740 間居於第二位。臺灣總督府鐵道部，《臺灣鐵道旅行案內》（臺北州：編印者，昭和 15 年（1940））；曾山毅，《植民地臺湾と近代ツーリズム》（日本東京：青弓社，2004 年），頁 291。此書中譯名爲《殖民地臺灣與近代觀光》。

　　本文雖著重在日治時期觀光與地方發展的關聯性，最終仍是出於對現世的關懷。臺灣若要發展有文化內涵的觀光產業，首要之務即是正視歷史，以日治時期的觀光發展爲鏡，透過國家權力導入觀光脈絡。由於觀光是定位己身文化與展示地域特色的方法，提倡文化觀光產業可以發揚臺灣文化，兩者是相輔相承的。對於文化來說，觀光是一種表面的技術手段，是引誘一般人民深入文化質感的一種方法；對於觀光來說，沒有文化加深其質感，長久下來易淪爲膚淺的表面娛樂，令人空虛。因此，沒有文化做爲根基的觀光產業是沒有內涵的。曾經歷過荷據時期、鄭氏清領以及日治時期的臺灣，擁有豐富的歷史性觀光資源，倘若政府觀光相關部門與機構能善加利用，透過包裝加深其質感，對於臺灣文化的保存與發揚是有正面助益。

二、相關文獻回顧與探討

　　有關日治時期觀光旅遊的相關課題，日本、臺灣方面研究成果雖相繼而出，但是全面性的研究卻不多。日本學者曾山毅的《植民地臺湾と近代ツーリズム》〔註4〕，爲近年來研究臺灣觀光旅遊較爲詳盡的著作。該書運用豐富的史料，從鐵道交通系統、旅遊景點與山岳觀光及旅行對臺灣及日本的影響等面向，探討殖民統治與近代觀光旅遊形成的關係。強調近代鐵路系統是殖民統治政治經濟文化力量延伸的最重要工具，而旅遊亦是在此一系統下，爲強化殖民統治與文化霸權力量的機制。該書史料豐富，敘述詳實，並運用大量圖表與表格進行論證。但並未探討觀光與臺灣住民自我認同、新風景觀的產生、地方特色形成等問題。

　　蔡龍保所撰寫的《推動時代巨輪：日治中期臺灣國有鐵路 1910～1936》〔註5〕，改編自其碩士論文。書中第六章「國有鐵路與臺灣社會經濟之發展」的第一節「國有鐵路與觀光事業之發展」從鐵路的鋪設探討觀光發展。文中探討鐵道部與觀光事務之關係、鐵道部與主要觀光事業機構之關係、鐵道部的觀光宣傳與諸項配套措施，以及當時舉辦的各種旅遊活動。該章第三節「國有鐵路與地區開發」提到日治中期臺東縣、宜蘭線、潮州線、海岸線等新路線的興築，均使得該地區的發展產生變化。〔註6〕本文欲以此點爲基礎，擬探

〔註4〕曾山毅，《植民地臺湾と近代ツーリズム》（日本東京：青弓社，2004 年）。

〔註5〕蔡龍保，《推動時代巨輪：日治中期臺灣國有鐵路 1910～1936》（臺北市：臺灣書房，2007 年）。

〔註6〕蔡龍保，《推動時代巨輪：日治中期臺灣國有鐵路 1910～1936》，頁 279。

討日治時期交通如何帶動地方發展，進而與觀光產生連結。

其他全面性研究，尚有張倩容的碩士論文〈日治時期臺灣的觀光旅遊活動〉。〔註 7〕該研究還原日治時期由臺灣總督府推行的各項政策及觀光相關的建設和當時民眾實際進行觀光旅遊的情形；並指出日治以後，觀光活動變成一種制度化的休閒活動。其論點與呂紹理《展示臺灣：權力、空間與殖民統治的形象表述》〔註8〕中的論述相似。呂氏以日治時期臺灣以及日本內地舉行的博覽會為研究主軸。書中第五章指出展示活動的最終延續，乃是將臺灣當成整個展示會場，而觀光旅遊正是此種展示體系的極致。日治時期是臺灣旅行活動由「個人探險」進入到「制度化」旅遊極為重要的時期，肯定日治時期旅遊文化的形成和制度化的旅遊活動提供臺人得以進一步觀賞、理解自身環境，進一步形成某種在地認同的基礎。本文將透過史料以及理論的論證，加強呂紹理所提出的觀點。

呂紹理〈日治時期臺灣的休閒生活與商業活動〉〔註9〕中，討論日治時期臺灣休閒生活形成的過程以及其與商業活動之間的關係；並以昭和 10 年（1935）臺灣始政四十年博覽會的數據為證，說明日治時期休閒生活的商業機制，但是並未詳細說明其與觀光的連結。程佳惠《臺灣史上第一大博覽會》〔註10〕，則針對此問題進行詳盡的論述。該書改編自其碩士論文〈1935 年臺灣博覽會之研究〉。作者認為昭和 10 年（1935）臺灣總督府為慶祝在臺始政四十年而舉行的大型博覽會，是全島的大動員，無疑就是「臺灣現代化過程」具體而深刻的展示。而這次的博覽會，本質上是一次大型而綜合的觀光活動，不僅創下最多人參觀的紀錄，也象徵當時臺灣地區觀光旅遊活動發展的鼎盛時期。當時，不論是在臺灣的臺灣人、日本人，或居住內地的日本人，甚至外國人士也為了參加這場臺灣史上最大博覽會，紛紛組團來臺灣進行觀光旅遊。各觀光勝地也利用博覽會進行宣傳以吸引觀光客，可說是臺灣觀光史上的巔峰。

〔註 7〕 張倩容，〈日治時期臺灣的觀光旅遊活動〉（臺灣臺中：東海大學歷史研究所碩士論文，2006 年）。

〔註 8〕 呂紹理，《展示臺灣：權力、空間與殖民統治的形象表述》（臺北市：麥田出版社，2005 年）。

〔註 9〕 呂紹理，〈日治時期臺灣的休閒生活與商業活動〉，收於黃富三、翁佳音主編，《臺灣商業傳統論文集》（臺北市：中央研究院臺灣史研究所籌備處，1995 年），頁 357～398。

〔註10〕 程佳惠，《臺灣史上第一大博覽會》（臺北市：遠流出版社，2004 年）。

　　關於日治時期觀光的單篇論文方面，葉龍彥在〈日治時期臺灣觀光行程之研究〉〔註11〕中，透過觀光行程研究，指出以下觀點：一為日人開發風景名勝不遺餘力、積極進行溫泉開發；二為花東鐵路的通車，帶動臺灣東部的開發以及觀光業的發展；三為強調航線的擴充帶動了國際觀光。此外，葉龍彥亦於〈1908 年在臺灣觀光史上的意義〉〔註12〕中，以臺鐵縱貫線通車的明治41 年（1908）作為臺灣觀光發展的里程碑。文中分析臺灣總督府在明治41年（1908）之前，在臺灣地區所做的一連串建設，日後成為日治時期觀光業發達的基礎。作者認為日治時期的開發建設與觀光事業是齊頭並進的。觀光地的「治安」與「衛生」為發展觀光的基本要件，而教育與文化是發展觀光的基礎。作者以日治時期的開發建設為主線，進行觀光沿革的考察，但是關於文中以單一年份作為觀光旅遊發展的轉捩點，似乎過為武斷。本文將進一步探討觀光基礎條件形成之後，近代觀光旅遊體系的生成，並釐清臺灣總督府的開發建設與觀光發展的關係。

　　蘇碩斌〈觀光／被觀光：日治臺灣旅遊活動的社會學考察〉〔註13〕中，透過對歷史資料的重新分析，指出日治時期臺灣觀光活動所隱藏的兩面意義：一方面，臺灣史著作雖然都意識到鐵路、觀光設施是殖民時空的產物，但未充分張顯日本與臺灣兩個社會文化下的殖民建構意象；另一方面，殖民主義論者所討論的殖民建構意象，或可解釋觀光設施的起源，卻無法說明1930年代臺灣大量本地人旅遊的現象。日治時期，臺灣被日本殖民政府建構為「觀看對象」而發展出一條早熟的朝向近代觀光的路徑。該文指出，由於殖民者的觀光需求，臺灣在殖民時期出現大量具有現代意義的觀光設施。在殖民主義式的被建構意象下，1930 年代臺灣又出現不少本地人的旅遊現象。文中試圖對此二元現象提出分析，說明日本本國在昭和年間「新文化」帶動之觀光熱潮下，殖民者開始建立臺灣的觀光設施。而這個觀光殖民的硬體基礎，在日治中期造就了臺灣本地人民獨特的觀光樣態，既富含節慶性格，且以農民為主。蘇碩斌認為直到 1979 年 1 月一般國民海外旅遊全面開放、2 月桃園國

〔註11〕 葉龍彥，〈日治時期臺灣觀光行程之研究〉，《臺北文獻》第 145 期（2002.09），
　　　　 頁 83～110。

〔註12〕 葉龍彥，〈1908 年在臺灣觀光史上的意義〉，《臺北文獻》第 151 期（2005.03），
　　　　 頁 103～135。

〔註13〕 蘇碩斌，〈觀光／被觀光：日治臺灣旅遊活動的社會學考察〉，《臺灣社會學刊》
　　　　 第 7 期（2006.03），頁 85～129。

際機場啓用，社會內部自發的大眾觀光時代，才眞正降臨臺灣。針對此點，本文會依據史實論證 1930 年代仍是臺灣大眾觀光旅遊的起點，是觀光客以休閒娛樂目的爲主，至臺灣各地進行旅遊的開端。

根橋正一〈日本植民地時期臺湾における国際観光の成立〉〔註 14〕中，從日治時期臺灣的經濟談起，論述臺灣的都市發展和觀光的連結。並說明都市發展觀光的基本要件，如整潔、安全、便利等要素如何透過政策漸漸完備。該文雖然以國際觀光作爲標題的要點，但通篇的論述卻著重於都市發展的過程，對於觀光的實態著墨甚少。本文將參考其中關於都市形成的論述，加以補充。

從後殖民視角探討觀光旅遊的相關論文則有，蕭肅騰的碩士論文〈日治時期臺灣殖民觀光意象之解構〉。〔註 15〕其內容以臺灣爲日本殖民地之事實切入，從權力位階觀點探討日本操控臺灣的殖民觀光，以證明臺灣的觀光發展其實是日本殖民侵略政策的一環。

宋南萱的〈臺灣八景從清代到日據時期的轉變〉〔註 16〕中，說明殖民統治下，日治時期「臺灣新八景」的產生。該文指出臺灣新八景的產生，受日本國內的風景論述影響。並藉由與「日本新八景」的比較，彰顯出其作爲殖民地風景與母國文化上的相似與相異之處。並探討與「臺灣新八景」相關的風景圖像，透過繪葉書、雜誌封面設計、展覽作品、博覽會陳設等呈現方式，建構出臺灣作爲日本殖民地的圖像意涵。

此外，神田孝志〈観光客のまなざしと近代リゾート〉〔註 17〕中，以阿里山國家公園的選拔過程爲例，說明國家風景選定和國家主義之間的關係。本文欲以上述論點爲基礎，證明透過觀光旅遊，所謂「臺灣」的概念逐漸明朗化，臺灣人形成某種程度的地方認同；並從後殖民與文化研究的觀點，以

〔註 14〕根橋正一，〈日本植民地時期臺湾における国際観光の成立〉，《流通經濟大學社會學部論叢》第 1 卷（2005.10），頁 15〜45。文章中譯爲〈日本殖民時期臺灣國際觀光的成立〉。

〔註 15〕蕭肅騰，〈日治時期臺灣殖民觀光意象之解構〉（臺灣嘉義：南華大學亞太研究所碩士論文，2003 年）。

〔註 16〕宋南萱，〈臺灣八景從清代到日據時期的轉變〉（臺灣桃園：國立中央大學藝術學研究所碩士論文，1999 年）。

〔註 17〕神田孝志，〈観光客のまなざしと近代リゾート〉，收於遠藤英樹・堀野正人編，《〈観光のまなざし〉の転回——越境する観光学》（日本東京：春風社，2004 年），頁 68〜82。文章中譯名爲〈觀光客的視線和近代觀光勝地〉。

史實爲基礎，探討殖民者權力如何影響臺灣的風景觀以及風景地的產生。

　　關於日治時期觀光的地域研究則有吳怡靜〈日治時期高雄市的觀光發展研究——以交通與旅館爲主〉〔註18〕，該篇論文主要是以分析日治時期臺灣觀光發展與交通機關的關係爲主軸，並以高雄市爲中心作爲研究對象進行考察。從日治時期的高雄市概況來看高雄市的觀光發展，進而分析交通、旅館等建設爲觀光產業所帶來的影響。該文與本文雖然皆爲地域性研究，但是在研究方法及目的甚有差異。本文以日治時期最具代表性的新興地區臺中州爲研究對象，希望透過觀光研究，小題大作，點出殖民地觀光與地方發展的特點。

三、研究資料與研究方法

　　本文的進行步驟，首先查閱基本史料如《臺灣都市計畫講習錄》、《臺中州社會事業要覽》、《市區計畫關係例規集》等官方文書；並透過《臺中市史》、《臺中市發展史》、《臺中州概觀》、《臺灣鐵道史》等基本史料，了解臺中州的開發狀況。並由《臺灣日日新報》、《臺灣時報》等日治時期的新聞資料，找尋當時關於觀光旅遊的相關記錄。再蒐集當時各式雜誌和旅遊紀行的文字記錄，如《國立公園》、《臺灣鐵道》和《旅と運輸》等史料，勾勒出日治時期觀光旅遊的實態；並著手蒐集相關論題的專書論文，從前人的研究成果進一步發掘更多可供參考的書目文獻。

　　歷史研究的可信度得透過大量的史料來驗證，並用客觀的態度進行分析。本文秉持此原則進行撰寫，以史料爲根基，運用觀光學的理論，並兼用口述資料，仔細地整理、分析並歸納史料文獻，運用量化方法與比較法，解釋日治時期近代觀光發展的主因及觀光資源漸趨完備的背景。

四、章節安排

　　本文包含緒論與結論共有七章。第一章緒論，主要是說明研究動機與目的、進行相關文獻回顧與探討、說明研究資料與研究方法，以及章節架構。

　　第二章說明臺中州觀光發展之社會背景，是臺中州觀光與地方發展論述的基礎。第一節以觀光學的視角進行說明，運用觀光學理論驗證日治以前臺中州近代觀光發展的可能性，並說明當時的觀光與休閒活動；第二節則從「近

〔註18〕吳怡靜，〈日治時期高雄市的觀光發展研究——以交通與旅館爲主〉（高雄市：國立高雄第一科技大學應用日語研究所碩士論文，2006年）。

代化」和「政治權力」的角度，分析日治時期，尤其是 1930 年代以後，臺灣適於觀光發展的環境如何形成，以及當時臺灣的社會背景。

第三章臺中州交通運輸與觀光載客。交通為促成近代觀光旅遊形成的基本條件，本章第一節闡述日治以前臺中州的交通情況，藉以和日治以後的交通發展比較。第二節則說明日治時期，臺中州官設鐵路的鋪設，包括縱貫鐵路和森林鐵路等；第三節說明臺中州境內除了官設鐵路外，其餘的交通工具如人力車、汽車客運、台車軌道等，對於觀光發展的貢獻。

第四章臺中州觀光資源的完備。地方必須具備觀光資源才得以成為觀光地。本章將從都市休憩空間的形成、人文觀光資源和自然觀光資源三個面向，說明臺中州的觀光資源如何透過總督府規劃，而漸漸完備。第一節則從臺灣總督府的政策說明日治時期臺中州都市休憩空間的形成，例如市區改正計畫、近代化建築、公園等；第二節探討人文觀光資源的保存與規劃，如各式文藝展覽、歷史文物古蹟等；第三節則著重於自然觀光資源的開發，如海水浴場、溫泉等。

第五章臺中州觀光宣傳與觀光振興活動。本章將從觀光推廣機構的成立談起，再探討臺中州下的觀光振興活動，如全島性的臺灣新八景選拔、國立公園設立等活動；地方性的觀月會、納涼大會等。最後分析鐵道部在三個不同時間點所發行的旅遊宣傳刊物，以探討臺中州觀光行程的特點。

第六章觀光活動下臺中州的地方發展與變遷。論證日治時期觀光發展對於臺中州有何影響，從文化、經濟、地方認同三個面向，逐一探討。第一節從後殖民的角度，探討當時殖民權力作用如何影響臺中州的地方特色及觀光文化。第二節則從經濟層面探討地方產業與觀光發展的關係，如「大甲帽蓆」和「南投陶」。第三節說明觀光與人的關係，欲以臺中州的觀光實態為證，探討日治時期觀光發展，促進地方意識的形成，為地方認同萌芽的基礎。最後是第七章結論，統整本文的主要論述並提出見解，以供後進研究者作為參考與建議。

第二章　臺中州觀光發展之社會背景

　　日治時期，隨著臺灣總督府統治的穩固，觀光旅遊發展的條件逐漸完備，爲臺灣近代觀光的時代揭開序幕。至此，觀光不再是上層階級所獨享的權利，餘暇生活普及至一般臺灣大眾。透過交通工具的運輸，人們移動的範圍擴大，臺灣各地的交流遠較以往頻繁。但是，觀光發展並非只是觀光政策的配合，而是整個大環境下社會、政治和經濟交融的產物。

　　本章爲論述臺中州觀光與地方發展的基礎，其目的是說明日治時期臺中州觀光發展的社會背景。第一節以觀光學的視角進行論述，運用觀光學理論驗證日治以前臺中州觀光發展的可行性；第二章則從「近代化」和「政治權力」的角度，分析日治時期，尤其是 1930 年代以後，臺灣適於觀光發展的環境如何形成以及臺中州的觀光發展爲何在此種社會氛圍下，漸漸蓬勃發展。

第一節　從觀光學論日治以前臺灣的觀光與休閒

　　從觀光學的角度可知觀光現象的構成，必須包括以下三個基本要素，即人、空間、時間，缺一不可。（一）人（man）：人爲觀光行爲之主體，即觀光客，若無觀光客即無觀光活動之產生。（二）空間（space）：即觀光客所欲前往之處，觀光之目標，亦即觀光行爲所必須涵蓋之實體要素，如觀光資源或觀光設備。（三）時間（Time）：即旅行及停留於目的地所耗之時間要素。時間要素則因下述情況而異，如出發地點至目的地國家或地區之距離、所使用之運輸工具及在目的地停留之久暫等。〔註1〕

〔註 1〕李貽鴻，《觀光學導論》（臺北市：五南圖書出版公司，2003 年），頁 22。

圖 2-1-1：臺中州管內圖

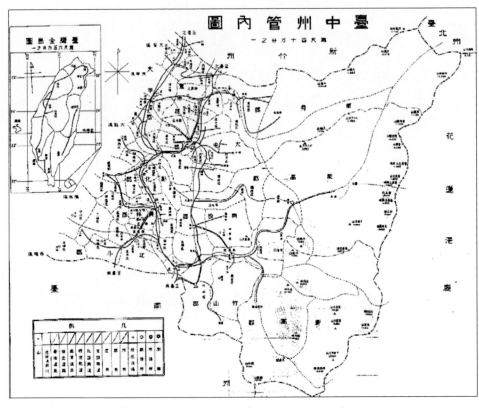

資料來源：臺中州，《昭和 10 年臺中州統計書》（臺中州：編印者，昭和 12 年（1937））。

　　就觀光的主體——人而言，促使人們進行觀光活動，有許多背後的原因存在，最重要的分別是「可處分所得」、「餘暇時間」、「休閒觀念」〔註2〕；就觀光的客體——觀光資源或是觀光地而言，完善的住宿、吸引人的觀光設施，皆是促使人們從事觀光行為的因素；就「時間」而言，這裡的時間指的是旅遊所花費的時間，相較於觀光客能掌控的餘暇時間以外，交通往返的時間也是很重要的一點，越是便捷的交通工具，越能減少觀光客花費在往返移動的

〔註 2〕 所謂「可處分所得」指的是個人可自由支配的金錢，若是家庭育有孩童，可自由支配的金錢則相對減少，觀光的負擔也相形增加，外出觀光的機會則降低；「餘暇時間」則是決定觀光是否可行的關鍵因素，忙碌的工商業社會之下，因工作而無法外出觀光的人愈加增多；最後則是「休閒觀念」，這則取決於社會大環境的宣傳與教育，使人們在有了足夠的金錢與時間之後，有外出觀光休閒的意識。岡本伸之編著，《観光学入門》（日本東京：有斐閣，2001 年），頁 15。

時間，減少旅途的疲勞，使觀光達到休閒娛樂的效果。

　　此外，依據日本學者山中速人的研究指出，近代觀光成立的關鍵在於四個與政治權力相結合的要素。分別是龐大的開發資金、交通手段、大規模的住宿設施以及媒體廣告的宣傳。〔註3〕曾山毅亦指出臺灣近代觀光旅遊蓬勃發展有三點要因：第一、具有穩定的統治機關，近代觀光旅遊才得以形成。第二、要發展觀光，該地必須近代化。第三、治安和旅行的安全沒有疑慮。〔註4〕簡要地說，觀光發展的具體原因有以下幾點：一、休閒時間增加。二、高工業技術發展與都市化生活。三、政府對於休閒與觀光的重視。四、經濟快速成長。五、交通運輸的進步。六、傳播媒體的普及。〔註5〕本論文所定義的觀光即是以上述幾點因素爲基礎的「近代觀光」。以下則依據上述的觀光學理論與研究成果，檢視日治以前臺中州的開發概況，是否足以產生近代觀光行爲。

　　日治時期的臺中州境內包括現在的臺中市（2010 年原行政區劃臺中縣、臺中市正式升格改制爲直轄市，名爲臺中市）、彰化縣及南投縣三處，臺灣中部地區的開發大約始自 18 世紀初年。〔註6〕在漢人入墾中部以前，臺灣西部的平原，主要是以平埔族散佈其間。雖然在荷蘭人統治中部地區時，平埔族部落社會逐漸走向較開放的鄉民社會，漢人移入也漸多，但在殖民重商主義下，漢人移入有侷限性。明鄭時期，實爲奠定漢人移墾成功的關鍵。〔註7〕

　　彰化縣境域，大部份都在八卦山台地以西的臺灣西部平原，南起濁水溪，北至大肚溪。17 世紀以前，漢人尚未進入拓墾，此地原住著平埔族原住

〔註3〕 山中速人，〈開発批判からポスト近代観光へ──ポスト・コロニアルな世界とオルタナティブ・ツーリズム〉，《国際交流》第 89 号（2000.10），頁 12。

〔註4〕 曾山毅，《植民地臺湾と近代ツーリズム》（日本東京：青弓社，2004 年），頁 58。

〔註5〕 李貽鴻，《觀光學導論》，頁 29～33。

〔註6〕 臺中州位於中央山脈之西，大安溪以西，適當西部臺灣的中央地域，爲南北台灣氣候、人文的過渡地帶。本區域極北地點在大甲鎮船頭埔地方，北緯 24 度 26 分；極南爲南投縣信義鄉尖山，北緯 23 度 26 分；極東在和平鄉南湖大山東方，東經 121 度 27 分；極西在彰化縣大城鄉海墘厝，東經 121 度 16 分。總面積 7,382.9429 平方公里。洪敏麟編著，《臺灣舊地名之沿革第二冊（下）》（臺灣臺中：臺灣省文獻委員會，1984 年），頁 3。

〔註7〕 溫振華，〈清代臺灣中部的開發與社會變遷〉，《師大歷史學報》第 11 期（1983.06），頁 6。

民。西元 1624 年至 1662 年間，荷蘭人的政治勢力雖然伸入彰化平原，但只注重在宗教教化方面，對土地的開發，並無很大的成效，漢人的開墾僅限於鹿港往北的一段狹長海岸地帶。鄭氏時代，彰化平原已有了點狀的拓墾，如二水、田中、員林、彰化等山麓與河岸易取水之地，沿海則有鹿港、海西村等港口附近。彰化平原的大規模開發始於康熙中葉以後，康熙 23 年（1684），拓墾的移民包括泉州人、漳州人、客家人，他們由鹿港登陸後由西向東漸次拓墾。彰化平原南部的開發略晚，移墾的人潮不如其他地區。〔註8〕清雍正元年（1723），設彰化縣，即以此爲縣治。雍正 12 年（1734），知縣秦士望始建竹城。此竹城毀於乾隆 51 年（1786）的林爽文事件。嘉慶 16 年（1811），知縣楊桂森任內改建爲磚城，彰化縣的拓墾到此告一段落。〔註9〕

南投縣則是全境山丘盤互、高峰林立，是臺灣唯一不靠海之縣份。埔里以西，至竹山、南投、草屯一帶，是清代文獻上所稱的「內山」，包括了水沙連、南北投等原住民社境。相傳鄭成功部將右軍林圯率眾入墾水沙連，殉難於此。後人爲了紀念他，而命名爲林圯埔，即今竹山鎮，爲今南投縣全境開拓最早的地方。清雍正元年（1723），清廷因朱一貴之役，而體認了北路的重要性，乃劃諸羅縣北端之地，在半線地方另成立彰化縣。翌年，福建名士藍鼎元上書首任巡臺御史吳達禮，提出開放縣東開曠「番地」的建議，這項建議，經由吳達禮請奏朝廷，於是乎彰化縣東邊近山的各社原住民開曠土地，開放漢人進入墾耕。水沙連也在此一歷史背景之下，掀起一股移民浪潮。除了由臺灣南部及西部平原移入外，也有來自中國的偷渡墾民，而以福建漳州人占了絕大多數。〔註10〕

光緒元年（1875），清廷推動開山撫番政策，開闢林圯埔到璞石閣（今花蓮縣玉里鎮）橫越中央山脈的中路，帶動了另一波移民高潮。中路沿線、支線，包括今鹿谷、信義、水里等地，在土地開發、山產運銷各方面都有重大影響。光緒 4 年（1878），更因而吸引了苗栗地區製樟腦技術的工人湧入，以及臺南洋行爭相投資樟腦事業，集集埔里一帶也隨之繁盛。〔註11〕

但是開山撫番政策的效果不彰，南投的山區仍然有被原住民襲擊的隱

〔註8〕 黃秀政總主持，戴寶村主持，《鹿港鎮志・交通篇》（臺灣彰化：彰化縣鹿港鎮公所），頁 10。

〔註9〕 林文龍，《臺灣中部的開發》（臺北市：常民文化事業，1998 年），頁 74～79。

〔註10〕 林文龍，《臺灣中部的開發》，頁 144～145。

〔註11〕 林文龍，《臺灣中部的開發》，頁 149。

憂。直到劉銘傳治臺即有積極剿番之意。光緒 17 年（1891），邵友濂繼任臺灣巡撫，緊縮臺政，撫墾局名存實亡，以致理番政策頓遭嚴重挫折，山區的有效整頓還是要等到日治時期以後。〔註12〕

　　臺中方面，在漢人未進入拓墾之前，其境內住著巴布薩（Babuza）、巴則海（Pazeh）、洪雅（Hoanya）、拍瀑拉（Papora）等平埔族。鄭氏治臺時期，曾經派左武衛將軍劉國軒駐守半線。而劉國軒的部下，有一些則是駐守在臺中市的大肚及南屯附近，一邊駐守一邊開墾。由於開墾時，有時候會受到平埔族的抵抗，因此他們只有開墾到彰化。清代以後，閩粵社會中尋求謀生的人與具有冒險謀利精神的紳商結合，成為開拓臺中的動力。中部地區的墾民，在康熙 40 年代（1701～1710）逐漸加多，大規模的水圳工程也相繼修築。〔註13〕清代臺中盆地的拓墾，分由南北向中間推進，北以張達京的六館業戶為主，南以藍張興庄為首。〔註14〕

　　北部方面，雍正 3 年（1725），張達京任岸裡大社總通事。雍正 11 年（1733），張達京與秦、姚、廖、江、陳等墾首組織六館業戶，出資鑿葫蘆墩圳。〔註15〕南部藍張興庄的拓墾事業於雍正乾隆二朝近 80 年間最為發達，對臺中盆地的發展影響深遠。隨著墾業的發展，土地日闢，人口漸增，聚落也隨之增加。初期聚落主要沿著盆地內溪流兩側分佈，犁頭店溪、土庫溪、柳川與旱溪等河川沿岸，都為聚落的主要分布區域。往來道路也大致沿溪流南北而行，形成數條南北走向的路徑，南以犁頭店街（今臺中市南屯區）作為連通烏日、彰化的孔道，北則沿筏仔溪、土庫溪與柳川等連接岸裡社。另外，犁頭店街與大墩街之間形成盆地內東西向的路徑，作為盆地內橫向連線的管道。〔註16〕

　　海岸線方面的拓墾，大甲溪以北之大安、大甲、外埔地區，在清初相當荒涼，多為平埔族之鹿場草萊。康熙 40 年（1701）前後，漢人移民開始進入本區拓墾，多沿河谷向內陸推進，從大安墾殖，或由鹿港北進〔註17〕；大甲

〔註12〕劉枝萬、石璋如等纂，《南投縣志稿（一）》（臺北市：成文出版社，中國方志叢書第 74 號，1983 年；原刊於 1954 年），頁 260。

〔註13〕林文龍，《臺灣中部的開發》，頁 19。

〔註14〕孟祥瀚，〈藍張興庄與清代臺中盆地的拓墾〉，《興大歷史學報》第 17 期（2006.06），頁 396。

〔註15〕洪敏麟編著，《臺灣舊地名之沿革第二冊（下）》，頁 82。

〔註16〕孟祥瀚，〈藍張興庄與清代臺中盆地的拓墾〉，頁 428～429。

〔註17〕黃秀政，《臺中縣海線開發史》（臺灣臺中：臺中市立文化中心，2001 年），

溪以南，包括今日之清水區、沙鹿區、梧棲區、龍井區與大肚區。其拓墾時間於康熙 4、50 年代，移民渡臺禁令漸弛，官方開始鼓勵人民墾荒。本區最早漢人移入拓墾之紀錄，應屬康熙 40 年代（1701～1710），漳州籍人由鹿港登陸，向大肚社原住民購得社地拓墾。〔註18〕

乾隆年間，臺灣中部主要市街已形成，如半線街、鹿港、犁頭店、南投社街等。除了街市外，港市亦發達。雍正 9 年（1731），本區海岸南邊的港口有海豐港、三林港。海豐港於乾隆末被沖壞，三林港則於道光年間爲南邊的番仔挖港取代。鹿港以北尚有水里港、梧棲港、塗葛堀港（臺中市龍井區麗水村），而後兩港分別於乾隆 35 年（1770）、41 年（1776）、42 年（1777）左右與福建海獺窟貿易。道光年間，梧棲港漸淤淺，船舶集中在塗葛堀。鹿港港口亦漸淤塞，而後塗葛堀成爲中部需要品的吞吐口。

在清代光緒年間，中部街市的中心，因省城建立於大墩街一帶而有所變動。此變動乃緣於外患的壓逼，而需對全臺的控制有一新佈署。光緒 8 年（1882），劉璈以中部地區居中控制全臺，因此選了貓霧揀、上橋頭、下橋頭，及烏日莊四處作爲建立省城之處，後以下橋頭爲宜。劉銘傳以爲「臺中」建爲省城，海防不足聯絡南北，必需靠鐵路系統把南北連成一體。因此，一方面興築鐵路，一方面建造臺中省城。然繼任的邵友濂，以「臺中」不宜建省城，改以臺北建省城。雖然，臺中建爲省城的計劃被放棄了，但臺中的地位之重要亦見端倪。

由上述可知，臺灣中部地方經由漢人和平埔族的拓墾，居住人口增多，市街已形成。但是，當時漢人在臺生活並不易，經濟方面，漢人處於小作農的經濟社會；原住民則多從事狩獵或是簡單的農作。在清廷統治之下，臺灣民間的租稅相較於中國大陸內地有數倍之高，特殊的土地制度層層轉嫁的結果，往往由最下層的佃戶負擔龐大的稅收。佃農的生活雖不好過，雇工的生活也一樣艱難；〔註19〕政治方面，鄭氏政權投降之後，清朝對於是否保留臺灣的態度一直不太確定，也缺乏長久經營臺灣的決心。最後由於擔心臺灣因爲鞭長莫及，成爲海盜淵藪或反清力量的集結地，才在不得已之下繼續統治臺灣。因此對於臺灣的治理與政策，採取比較消極、應變、防患的作法。由

頁 68。
〔註18〕黃秀政，《臺中縣海線開發史》，頁 76。
〔註19〕薛化元，《臺灣開發史》（臺北市：三民書局，2005 年），頁 72。

於清廷對於臺灣的狀況不甚熟悉，在地權稅收、漢番界線等制度上有缺失，常引起民怨。尤以乾隆以後，臺灣中部之分類械鬥頻傳，時而彰泉，時而閩粵，乏害百姓安寧。〔註 20〕由於清廷駐防兵力有限，並無強大政治力加以約束民間，所以官方較無力維持地方治安，於是，漢人移民招群結黨，尋求私法解決紛爭。因此，漢人不僅忙於拓墾新天地，還得在公權力不彰的社會努力求生。在經濟尚未穩定，以及民變和械鬥不斷的社會環境下，所謂近代觀光發展的機率可謂微乎其微。

　　明清時期雖有許多臺灣相關的遊記，但多為宦遊官吏以及僚屬之作。這些由大陸內地渡臺的官員，以及因政府所聘來臺的文人，常因職務需要，以及個人的興趣，而遊歷臺灣府（包括澎湖）所管轄的各地，並將其親身的見聞與感受，透過他們所習用傳統漢語舊詩的的形式，而加以直接的記述。〔註 21〕從清人唐贊袞所著的《臺陽見聞錄》一書中的描述可知，日治以前臺灣的風景觀多侷限於行政中心的臺南一帶，其餘各地的概念是模糊不清的。〔註 22〕唐氏於書中所舉出的臺灣 24 勝景，與當今臺灣著名的觀光地相去甚遠。〔註 23〕另外，郁永河所著的《裨海紀遊》〔註 24〕一書，重現了十七世紀

〔註 20〕黃秀政，《臺中縣海線開發史》，頁 101。

〔註 21〕如高拱乾於康熙 31 年（1692）任分尋臺廈兵備道兼理學政，著有〈澄臺記〉，其旅遊代表作品有〈臺灣賦〉。楊正寬，《明清時期臺灣旅遊文學與文獻研究》（臺北市：國立編譯館，2007 年），頁 302、390、457。

〔註 22〕《臺陽見聞錄》為清人唐贊袞所撰。唐氏於清光緒 17 年（1891）調署臺澎道，旋補臺南府知府，本書即成於是年。本書內容，分為上、下二卷，卷上所論包括建置、通商、洋務、田賦、鹽政、籌餉、刑政、政事、水利等九項；卷下則言及文教、防務、山水、勝景、人物、廟宇、器用、衣服、風俗、時令、食物、天文、穀米、竹木、蔬菜、花卉、果品、草部、麟介、獸類、禽鳥、蟲類、番部等 23 項，大抵分類詳細，對於臺灣人、事、物的種種記載，頗具文獻價值。楊正寬，《明清時期臺灣旅遊文學與文獻研究》（臺北市：國立編譯館，2007 年），頁 166。

〔註 23〕唐贊袞著，〈臺陽見聞錄〉（臺灣南投：臺灣省文獻委員會，臺灣歷史文獻叢刊，1996 年），頁 122～130。如臺南府署內的朝天臺、臺南永康里的夢蝶園、臺南府學海東書院的秀峯塔等。

〔註 24〕《裨海紀遊》是臺灣遊記文學的開創者。作者郁永河於清康熙 36 年（1696），受命來臺採硫磺於淡水、雞籠（今基隆）。該書記述郁永河由福建乘舟抵達臺南，復由臺南一路北上，直赴淡水。是時臺灣入清版圖僅 13 年，嘉義以北地區處處深山大澤，尚屬洪荒，草木晦蔽，人跡無幾。書中備述當時臺灣山川形勢，物產風土，番民情狀，歷歷如繪。楊正寬，《明清時期臺灣旅遊文學與文獻研究》（臺北市：國立編譯館，2007 年），頁 146。

末的臺灣西部景象。但是，當時的觀光並不屬於近代觀光的範疇，沒有強大
的政治權力投入資金開發觀光資源，再加上交通工具、住宿設施簡陋，也缺
乏媒體廣告的宣傳。因此，一般民眾不具有觀光休閒的概念，不會在養家餬
口之餘，以遊覽為目的，跋山涉水前往某處。一般日常生活的休閒娛樂雖然
存在，卻多和生產勞動有關。對於原住民來說，狩獵是部落的最佳娛樂，捕
獵過程驚險刺激外，獸肉可供食用、分享，部分器官和獸皮等尚可自用或出
售於人。捕魚則是夏日的盛事，氏族不分男女老少都共同參與，是至為和樂
的活動。〔註25〕

　　對於大多數以農為生的漢人來說，因為勞動與生活形態的孤立、自足，
傳統農村對休閒活動的需求似不急迫，加以外在條件的限制，農人對休閒、
娛樂活動顯得並不積極。農家的休閒娛樂多是不需特別花費的，如下棋、練
武等，要不然就是聽說書或是業餘戲曲。農村生活以牛為中心，對於農家放
牧的青少年來說，其休閒娛樂也多圍繞著放牛進行，最大的娛樂不外乎騎牛
唱歌、在牛背上站立打仗等。此外，爬樹、釣魚、捉蟋蟀是所有農村子弟的
共同經驗，還有捉泥鰍、釣青蛙等，這些都是不需特別的工具，卻往往可以
補充家庭菜餚甚至賣錢補貼家用。另外還有自製的陀螺和紙牌遊戲。傳統鄉
村的休閒活動是自足的，並與生計和自然資源相適應，且積極地參與並運用
自己的勞力、創意以尋求歡樂，也就是一切以「免開銷」為宗旨，不僅要創
造發明以自娛，甚至還要利用遊玩賺零用錢貼補家用。〔註26〕

　　在平淡自適、日復一日的日常生活外，傳統社會還穿插著週期性、社區
性的祝祭節慶，這種定時的、集體的慶祝活動，多與宗教信仰節日與年度節
氣相關。大型的宗教祭典，往往伴隨著競技活動、大擺宴席、戲劇演藝以及
作為整體節慶活動核心的共同祭祀。所以祭祀活動為難得的公眾性集會，具
有休閒、社交的性質。廟會慶典祝祭的儀式頻繁且隆重，如神明誕辰、端午、
中元等時日，常是地方全體動員，往往會吸引上萬的信徒或民眾參與盛會。
這種宗教祭儀，透過戲劇活動調劑人們平淡的日常生活，緩和辛勞工作的疲
累。除了廟前的戲臺外，家家戶戶的流水席也是重要的節慶場合，親戚朋友
甚至外人可藉此聯誼歡聚。

〔註25〕張人傑，《臺灣社會生活史：休閒遊憩、日常生活與現代性》（臺北縣：稻鄉
　　　　出版社，2006年），頁67。
〔註26〕張人傑，《臺灣社會生活史：休閒遊憩、日常生活與現代性》，頁76～84。

除了定期、集體的社區性祝祭外，更有特殊的、私人的儀禮慶祝。這種環繞著養生送死爲主軸的私人與家族性儀禮，實際上即以生命階段來定期時日，諸如生育、周歲、做壽、成年、功名、婚嫁、落成、開業和殯葬等。〔註 27〕最熱鬧也是最常見的家族性慶祝活動，就是大戶人家的壽辰，演戲禮佛、宴飲招待、酬酢往來都是家族例行公事，這些祝壽活動和重要的社區祭祀一樣，耗時常達五天，耗費鉅資在所不惜，甚至成爲財力的包袱，中下之家則常有舉債慶祝的狀況。這種不尋常鋪張的壽慶，帶給家族和鄉里自豪、榮譽，以及美好的回憶。〔註 28〕

但是這些和日常生活密不可分的休閒娛樂活動，並不屬於近代觀光的範疇。對照前述的觀光學理論，再檢視當時的社會環境，可以發現在日治以前的臺灣，近代觀光發展的可能性幾乎是微乎其微。大多數人既沒有觀光的閒情雅致，更沒有多餘的時間與金錢，負擔觀光旅遊的開銷；沒有強大的政治權力維持島內治安的穩定；也沒有近代化的公衛設施和交通運輸工具，促使人們移動：也沒有已開發和被營造出的美好觀光環境供人遊賞。

第二節　日本統治下的臺灣社會

歷史上人們常因爲各種不同的原因而旅行，古時候的旅行以冒險性質居多，或著通常是帶有宗教意義的朝聖行爲。近代觀光的發展則與政治、經濟、社會環環相扣，科技對觀光有著更大的影響與衝擊。1960 年代，隨著經濟發展，國民所得增加，觀光活動不再由富裕階級獨享，全世界正式邁入所謂大眾觀光（mass tourism）的時代。戰後的臺灣，雖然曾經歷了戒嚴封閉的時代，但是伴隨著 1979 年開放國際觀光，1987 年解嚴，以及經濟發展，也正式地迎向大眾觀光的時代。人們可以透過各式交通工具，至世界各地進行廣義的觀光活動，親身與異地接觸，體驗異文化。透過觀光，人和土地產生了連結，得以進行交流。回歸到歷史層面，這樣的交流和互動可追溯至日治時期，可謂臺灣近代觀光的發軔。

延續第一節觀光學理論的論證，本節將依序從「近代化」及「強大的政治權力」兩個層面切入，來說明日治時期臺灣觀光蓬勃發展的背景，證明日

〔註 27〕張人傑，《臺灣社會生活史：休閒遊憩、日常生活與現代性》，頁 116～123。
〔註 28〕張人傑，《臺灣社會生活史：休閒遊憩、日常生活與現代性》，頁 123。

治時期的臺灣已具備發展近代觀光的要素。首先是「近代化」〔註29〕。清領時代的臺灣由於本身具有優厚的條件，加上清代行政官僚的努力，近代化的成果和中國相比並未落後。但是，1895 年日本統治之初的臺灣，仍是一個近代化尚未開花結果的小島。由於缺乏近代教育機制的洗禮，多數的民眾仍是文盲，民智程度偏低；風土民情與日本迥異；過去清朝 212 年的統治期間，社會公權力不彰，導致民風強悍，管理不易；再加上氣候溼熱，衛生環境不佳，風土病到處肆虐。打開當時的報紙《臺灣日日新報》，在日本統治初期的五年間，各種風土病肆虐的記事隨處可見。由此可知，日治以前，若想在臺灣進行旅遊，可眞是一件苦差事。不僅要穿越許多險峻的道路，還要隨時防備匪徒的襲擊。如此一來，所謂的觀光則以冒險性質居多，稱不上有遊憩目的。

　　日本統治之後，臺灣正式邁入近代化之列，臺灣社會整體在日本統治初期確有結構性調整，不論都市、農村生活都有相當的改變。後藤新平在明治 31 年（1898）3 月到明治 39 年（1906）11 月，長達 8 年的民政長官任職期間，奠定了臺灣近代化的基礎。從衛生環境的整備開始，由警察協助檢疫工作，強制人民打預防針；同時也開鑿水井、整治地下水道。由於地下水的供水量減少，遂開始規劃自來水系統，採用英國工程師巴爾頓（William K. Burton）的意見，以新店溪畔爲水源地，以處理過的淨水供居民使用，總工程於明治 42 年（1909）完工，臺北地區首度有自來水可用；臺灣總督府積極建立近代公共衛生和醫療制度，警察強制住戶必須打掃房舍，維持室內清潔，檢查市場衛生。〔註30〕這些施政使得臺灣人民改變衛生習慣，天花、鼠疫、霍亂等傳染病也因此受到控制，甚至消聲匿跡。

〔註29〕對於臺灣近代化的始點，由於判定、分期標準不同，學界大致有兩派觀點：一派認爲始於 1860 年代清末開港，西方勢力由港口進入，經由貿易使臺灣重新進入世界體系；西方宗教的傳入，也帶來新的醫療、教育和文化。另一派則是認爲 1895 年日本殖民統治是個里程碑，在日本統治之下，臺灣社會在制度、文物、教育、建設等各方面，都有不同於過去的發展，可以說近代化的範圍更廣，程度加深。本文則屬後者觀點，認爲臺灣的近代化始於日治時期以後，近代觀光也發展於此。林蘭芳，〈傳統士紳與新科技的對話：豐原張麗俊的近代化體驗（1906～1936）〉，收於陳志聲編，《水竹居主人日記學術研討會論文集》（臺灣臺中：臺中市文化局，2005 年），頁 335。

〔註30〕陳儀深等編纂，《臺灣的社會：從移民社會、多元文化到土地認同》（臺灣臺北：財團法人群策會李登輝學校，2004 年），頁 88。

　　除此之外，臺灣總督府還推動各項調查事業，如臺灣舊慣調查、林野調查等；統一幣制以促進金融與商業的流通；鋪設與擴充各種交通運輸事業；開發水力與火力發電廠，奠定臺灣發展工業的動力基礎；並從品種改良開始，重振臺灣重要的米糖產業。此外，明治 29 年（1896）年 1 月臺灣正式進入格林威治世界標準時間的系統，1910 年代初期進而完成全臺報時系統。公私機構開始根據標準時間運作，鐵公路等交通工具亦明定開車及抵達時間表。〔註 31〕

　　在此要強調近代化為臺灣觀光發展所帶來的兩個關鍵因素，分別是「休閒觀念的產生」與「交通運輸設施」的改善。日治以前，民眾日常生活作息規律以旬、朔望、月、季、年為期。日治時期，總督府將星期制引進臺灣，規定星期日為假日。此外，每年另有 13 天國定假日。官廳、學校、工廠等依上述規定訂頒作息規律，彼此之間因性質不同，難免略有差異。例如學校除了與官廳一樣在星期日及國定假日休息之外，另有暑假、學年假，工廠則每日工作 10 小時以上，每月任擇兩個星期日為臨時特別休假日。

　　定時休假使社會大眾有了「餘暇生活」的時間，總督府進而將大掃除、體育、音樂、美術、電影、觀光旅行等餘暇活動向社會推廣，經常舉辦運動會、音樂會、展覽會、電影欣賞會等活動，到處設立公園，開闢觀光名勝地，成立觀光機構，規劃觀光旅遊事宜。配合觀光旅遊時節，鐵路票價訂有優待辦法。影響所及，每當星期六、日及例假日，公園、風景名勝地、海水浴場等常是遊客如織。要之，「餘暇生活」漸成為日常生活不可或缺的一部分。〔註 32〕民眾有了餘暇時間，再加上政府的宣傳推廣，觀光愈趨普及；因殖民地政府在接收初期即大刀闊斧地改良經濟基礎結構，進入近代化社會，社會的富裕階層擴大，除了維持生活開銷外，人們有額外的金錢可以支配，用以提高生活品質或是外出旅遊。

　　另外，日治時期交通運輸設施的改善，可謂臺灣劃時代的空間革命。日治之初，臺灣內陸交通十分不便，村莊與市鎮間雖有小路相通，但各市鎮間幾乎無道路聯絡，現代的交通設施僅基隆至新竹之鐵路 90 公里及若干郵政電信設備。為了治安之維持、貨物之流通、訊息之傳達，臺灣總督府隨即展開

〔註 31〕薛化元編著，《臺灣開發史》，頁 147。
〔註 32〕黃秀政、張勝彥、吳文星著，《臺灣史》（臺北市：五南圖書出版公司，2002年），頁 229。

電報、電話、鐵路、公路、港口等交通設施之建設，十餘年間各項建設粲然大備。明治 32 年（1899）5 月，展開縱貫鐵路的延長工程，以 10 年完成為期，南北同時動工。至明治 41 年（1908），完成基隆至高雄的縱貫鐵路，長度為 400 公里，工程費 2,880 萬圓。其後，陸續增築支線和東部線。日治末期，臺灣鐵路的大小幹線和支線總長約 1,500 公里。鐵路交通成為臺灣經濟發展的主要動脈。公路的修築則是總督府運用軍隊及各地民力，積極致力於城鎮、鄉村間相互聯絡之道路，至明治 38 年（1905）已完成各式道路約 9,500公里。其中，寬度 2 公尺以下者約 4,600 公里、4 公尺以下者約 3,500 公里、6公尺以下者約 1,000 公里、8 公尺以下者約 350 公里、8 公尺以上者約 100 公里，可通汽車和牛車。﹝註 33﹞由於交通運輸的發達，使得觀光客在臺灣島內的移動變得更加自如，旅遊不用再跋山涉水，可搭乘便利的交通工具進行觀光活動。

日治初期，臺灣總督府運用強大的政治權力，平息了臺灣的抗日義軍之後，確立了殖民地統治基盤，使民眾進行觀光時，無安全上的疑慮。交通方面，為輔助產業發展，進行以鐵路為重心的交通規劃；建設住宿設施、充實相關法規、實施觀光旅遊宣傳和各式優惠活動。除此之外，舉辦博覽會，帶來了莫大的觀光效益。以上種種措施，非強大的政治權力無法成立。1930 年代，臺灣經過日本統治 30 餘年，透過產業振興，農村生產力顯著提升，進入一種相對和平安定的狀態。由於近代化成功及臺灣總督府強而有力的政策推廣，使得臺灣人民有機會透過便利的交通向外地移動，進行觀光。由於大規模宣傳政策的推廣，臺灣各地形成了許多觀光景點，多條觀光路線被規劃，休閒圈隨之擴大。

近代觀光旅遊空間的形成，可以說是社會、政治和經濟交融下的產物。尤其是殖民地觀光發展，摻雜了統治者的權力作用，因而發展出一條與己身文化相異的路線。但是，在殖民地觀光發展這個文化互相磨合的過程中，觀光除了活化地方經濟，也給臺灣住民一個重新認識自身生長土地的機會，形成了地方認同的基礎。臺灣的地方特色也在此時定形，產生與以往不同的風景觀。以此史實認識為基礎，本文以臺中州為分析對象，進一步探討日治時期殖民統治、地方發展和觀光的關聯性。

﹝註33﹞黃秀政、張勝彥、吳文星著，《臺灣史》，頁 193～195。

第三章　臺中州交通運輸與觀光載客

　　觀光活動牽涉到人的移動，和交通運輸工具息息相關，由於交通運輸工具的改善和科技應用，使觀光活動能成為普遍之社會現象的重要原因之一。〔註1〕交通運輸是觀光旅遊從一地到另一地，必需的工具或設施。交通運輸的項目包括船舶、飛機、火車、巴士、交通車、計程車、小轎車、齒輪鐵道、纜車及其他載客交通設施等。上述交通工具都會影響到觀光事業的發展，這些交通服務也必須適切和經濟，符合大眾觀光旅遊的需求。〔註2〕

　　由於交通運輸為觀光發展之重要條件，本章將從日治以前臺中州的交通概況談起，藉以和日治時期臺中州交通概況作為比較；並以鐵路為中心展開論述，再論及其餘交通工具於載客運輸方面的功能及其對於觀光的貢獻。

第一節　日治以前臺中州的交通

　　日治以前臺灣中部彰化、臺中、南投一帶（後臺中州轄域），以彰化為中心之交通開發，在康熙末年以後，至雍正年間已有顯著之發展。其後於道光年間，在臺中方面，曾興築葫蘆墩街（今臺中市豐原區）至牛罵頭街（今臺中市清水區）之通路，又建埧雅街與犁頭店二街間之通路。以葫蘆墩為中心，在雍正元年（1723），由彰化人張達京為首的六館業戶，開發至神岡一帶為止。乾隆初年，復由閩人廖舟開拓葫蘆墩一帶之地，至嘉慶 23、24 年（1818、1819），遠及於東勢。〔註3〕當時從塗葛堀（今臺中市龍井區麗水村）

〔註1〕劉修祥，《觀光學導論》（臺北市：揚智文化，2007 年），頁 38。
〔註2〕李貽鴻，《觀光學導論》，頁 147。
〔註3〕林熊祥主修、林平祥纂修、臺灣省文獻會主編，《臺灣省通志稿：第十八冊卷

至臺中，可徒步或是搭乘轎子，沿途經過龍目井（今臺中市龍井區龍泉、龍崗兩村）、大肚、王田和烏日。由於道路狹隘，牛馬車均無法通過，搬運貨物以肩挑為主。〔註4〕

南投地方，南方之集集與水社（今南投縣魚池鄉日月潭一帶），屬濁水溪上流左岸地，乾隆36年後（1772），由閩人開拓，集集街為其附近拓成之始。當時由外牛相觸口（今雲林縣林內鄉一帶），溯濁水溪而上的路線為入此地之唯一路線。乾隆48年（1784），開集集大山西方之草嶺路，與南投街聯絡。水社附近，當時尚屬番地，道光28年（1848），王增榮、陳坑等，與番人約定，得土地墾殖後，投資開闢與集集地方為界之雞胸嶺路，於是入其地者愈眾。咸豐5年（1855）在魚池一帶已有村庄之建設，闢路與埔里相通。據《埔裏社紀略》記載可知，水沙連為當時入埔里社之要路〔註5〕：

> 埔裏大社，地勢平闊，周圍可三十餘里。南北有二溪，皆自內山出；南為濁水溪源，北則為烏溪源也。烏溪為入社北路。自彰化縣東之北投北行，過草鞋墩，至內木柵、阿發埔渡溪，東北行至火燄山下五里，過大平林，入山十里，逾內龜洋，至外國勝埔，更渡溪而南，約二十五里即抵埔裏社。自水沙連入，可兩日程。北路為近，然常有兇番出沒，人不敢行，故多從水沙連入。〔註6〕

同治13年（1874），日軍以琉球人被殺害為藉口，出兵攻打臺灣的原住民。由於各國覬覦臺灣之趨勢，使朝中有識之士開始體認到臺灣邊防地區之重要性，而有欽差大臣沈葆楨奏請開山撫番之議；另一方面，由於臺灣西岸平原之墾殖已經完成，墾地不敷使用，移民械鬥事件經常發生，但東部仍有廣大未開之土地，惟因中央山脈阻擋，遷徙墾殖較難，沈葆楨之議遂為眾所歡迎。於是，在勘查臺灣全島形勢以後，沈葆楨擬開發三條貫穿臺灣東西的橫貫道路，分北中南三路開發，包括北路（由今宜蘭縣蘇澳鎮至花蓮縣奇萊）、總兵吳光亮所開發的中路（由南投縣竹山鎮至花蓮縣玉里鎮）、以及南路兩線（分別是屏東縣萬巒鄉赤山村至臺東縣卑南鄉及屏東縣枋寮鄉至臺東縣卑南

四經濟志工業・交通篇》（臺北市：捷幼出版社，臺灣史料叢刊第6輯，1999年），頁27。

〔註4〕民平要編，《臺中市史》（臺中州：臺灣新聞社，昭和9年（1934）），頁57。

〔註5〕林熊祥主修、林平祥纂修、臺灣省文獻會主編，《臺灣省通志稿：第十八冊卷四經濟志工業・交通篇》，頁27～28。

〔註6〕姚瑩，〈埔裏社紀略〉，《東槎紀略》（臺灣南投：臺灣省文獻委員會，臺灣歷史文獻叢刊，1996年；原刊於1829年），頁33。

鄉兩線）。〔註7〕

其中，中路就是現在所稱的「八通關古道」，八通關古道的開鑿為清代經營臺灣中部地區政策上一個重要的轉捩點。吳光亮於同治 14 年（1875）1 月9 日率兵 2,000 餘人由林圯埔（今南投縣竹山鎮一帶）開山東進，經大坪頂、牛輞轆（今南投縣水里鄉永興村）、茅埔、八通關、大水窟、以迄璞石閣（今花蓮縣玉里鎮），在同年 11 月完工。其規模頗大，路寬 6 尺，遇岩石便砌石築成階梯，遇溪流便舖棧道，並於要地設置營壘。此道完成之後，清廷即刻廣募眾民，招撫水里等 39 社，男女共 7,292 人，配合官兵屯墾。但拓墾政策因天然環境及原住民抵抗，成效並不好。在這種情況下，八通關古道僅 20 年間即成廢道，一直要到日治時期才進一步規劃。〔註8〕

鐵路方面，臺灣鐵路的興築，早在光緒 3 年（1877）丁日昌入臺期間，曾奏准將兩江拆除的上海吳淞鐵路器材移運來臺，以供修建鐵路之用，並聘請英籍工程師瑪理遜（G. J. Morrison）前來相助，但因所需經費龐大，籌措不易，丁氏離職後即告中止。直到光緒 11 年（1885）臺灣設省，劉銘傳擔任臺灣首位巡撫時，臺灣興建鐵路一事遂有突破性的發展。光緒 13 年（1887），劉氏先修臺北至基隆段鐵路，光緒14 年（1888）臺北至新竹段亦開工。修路期間所發生的最大糾紛，是修路官兵與洋工程師間不能合作，以致短短數十里工程，興築極為緩慢，直到光緒 19 年（1893）臺北至新竹段全段竣工，正式通車。〔註9〕但是，一般民眾往來多依賴一般道路。道路狀況卻相當惡劣，若遇雨季則泥濘不堪，而溪流甚多又沒有橋樑，各地容易陷於孤立，人民生活封閉且保守。

陸運交通工具來說，「人的雙腳」為普遍的交通工具，除了以雙腳徒步以外，陸路多以牛、牛車、轎子代步。牛車不僅可運貨也可以載人，初期是二輪木板拼合而成的實心輪，以後用有幅的木輪外包鐵環，直到日治時期改為四輪。二輪的牛車運轉較為便捷，四輪則載重量大；轎子是中上流人士乘坐的交通工具，一般民眾只有娶親時使用，或僅有老人、婦女來往郊區城市之

〔註 7〕陳俊編著，《臺灣道路發展史》（臺北市：交通部運輸研究所，1987 年），頁112、118。
〔註 8〕林熊祥主修、林平祥纂修、臺灣省文獻會主編，《臺灣省通志稿：第十八冊卷四經濟志工業‧交通篇》，頁 32～33。
〔註 9〕黃秀政、張勝彥、吳文星著，《臺灣史》（臺北市：五南圖書出版公司，2002年），頁 161～162。

間，或上廟進香時乘坐，但不合快速需求又昂貴，漸漸被淘汰。〔註10〕

　　另外，如遇河川、溪流之時，則以手划船及以風爲動力的帆船類水上交通工具。手划船是以人力爲動力，並不限制用槳或用竹竿划船。這種靠人力移動的船隻統稱爲手划船，以風力爲船隻動力的船稱爲帆船。島內的往來移動，則多以手划船爲主，如竹筏、舢舨及獨木舟等。由此可知，交通工具非常的原始，人們要移動已非易事，何況是抱著遊興跋山涉水至外地遊覽。行旅移動僅限於某些特定的目的與少數的對象，除軍事移民以外，主要以行政、經商爲主，此外則爲求學（應考）、朝聖（進香）者。絕大多數人在一般情況下，並無出遠門的需要與能力。〔註11〕

　　日治以前，旅行並非樂事而是件苦差事，不但耗費體力，花錢又花時間，以冒險性質居多。從《裨海紀遊》的記載，可一窺當時旅行的樣貌。當時郁永河從臺南移動到八里，在大熱天裡走了 20 天，其中因爲行程耽擱而加倍的路程就有 4 天 4 夜。途中渡過大小溪流，深溝、大坑、陡峭懸崖，顛簸萬分。好不容易到達目的地，所居之處竟是茅草蓋的房舍，猶如餐風露宿一般。床鋪上還長青草，才拔掉立刻又長出來。下雨時，屋內像鬧水災；雨停後鞋子浮到床上。〔註12〕直到 19 世紀後半葉，以享樂爲目的的旅遊似乎還是個天方夜譚。從甘爲霖（William Campbell）牧師撰於光緒元年（1874）的遊記可知，當時若要從臺灣府（今臺南市）前往今天的南投埔里，即使走較爲短程的北路，要到第四天下午才會到達。〔註13〕

　　由此可知，日治以前臺灣的旅遊環境非常惡劣，雖然清代中部地區已有漢人拓墾，道路也已開闢。但是，臺灣的治安未定，入深山不免憂心番人之襲擊。在沒有機械動力的情況下，就算不論及旅途中可能會遇到的凶險阻礙，人僅依靠「雙腳」所能夠移動的距離有限，有許多臺灣居民甚至一輩子就生活在自己徒步可達的地方。所謂近代觀光的形成，在清代還是有所限制的。

〔註10〕 洪慶峰總編輯，《中縣口述歷史第一輯》（臺灣臺中：臺中市立文化中心，1993年），頁 122。

〔註11〕 張人傑，《臺灣社會生活史：休閒遊憩、日常生活與現代性》（臺北縣：稻鄉出版社，2006 年），頁 133。

〔註12〕 郁永河，《裨海紀遊》（臺灣南投：臺灣省文獻委員會，臺灣歷史文獻叢刊，1996 年；原刊於 1736 年），頁 26～27。

〔註13〕 費德廉（Douglas L. Fix）著、羅效德（Charlotte Lo）編譯，《看見十九世紀臺灣：十四位西方旅行者的福爾摩沙故事》（臺北市：如果出版社，2006 年），頁 121。

第二節　日治時期官營鐵路的鋪設

　　日治以前，台灣島內由於地理區隔與交通不便，造成物貨流通與社會流動的不發達，以及資訊的閉塞與生活方式的一成不變。當時的人們傾向墨守傳統，生活態度的封閉與保守。因此，離開日常生活圈，進行觀光旅遊為罕見之事。日治以後，臺灣總督府為了軍事、政治及行政需要，後為發展經濟、工業，乃著手建設全島的海陸交通，進而建立一個廣及城鄉整合的交通網絡。其中，最重要的乃是縱貫鐵路的鋪設。臺灣總督府的統治觸角透過鐵路有效地延伸至臺灣各地，政策強力地貫徹，藉由鐵路的鋪設，使臺灣經濟體系商品化，各式農產品、商品透過鐵路運銷至市場及港口，鞏固了殖民地經濟，也使臺灣人民生活的空間擴大，促使人們離開日常生活圈至他處進行遊覽活動。

一、縱貫線的開通

　　臺灣的鐵路工程自清朝光緒 13 年（1887），劉銘傳擔任臺灣巡撫時開始建設，只完成基隆至新竹間的區段。明治 28 年（1895），甲午戰爭清朝戰敗，簽訂馬關條約，臺灣正式為日本所領有。起初，為順利接收臺灣並鎮壓抗日民眾，日人從明治 28 年（1895）10 月至明治 30 年（1897）3 月投入 170 萬圓的經費，改良基隆至臺北間的鐵路區段。臺灣鐵路的建設為臨時臺灣鐵道隊所管轄，軍事性質濃厚。明治 30 年（1897）臨時臺灣鐵道隊，在結束基隆至臺北間的鐵路改築工事之後，鐵路業務轉由民政局管轄。此為鐵路業務脫離軍事管轄，轉為一般交通機關，正式經營之開始。〔註 14〕

　　明治 31 年（1898）兒玉源太郎接任第四任臺灣總督，當時的民政長官後藤新平兼任鐵道部第一任部長，隨即施展鐵腕，銳意建設。在清朝舊有的鐵路基礎上，重新規劃路線。明治 35 年（1902）5 月進行縱貫線鐵路工程。工程分為三大區段，分別是基隆至葫蘆墩（今臺中市豐原區）的北部大工區、從打狗至濁水溪的南部大工區和濁水溪北岸至葫蘆墩的中部大工區。〔註 15〕北部方面，至明治 37 年（1904），已完成新竹至苗栗間鐵路，明治 38 年（1905）完成苗栗至三叉河（今苗栗縣三義鄉）區段；南部方面，於明治

〔註 14〕渡部慶之進，《臺灣鐵道讀本》（日本東京：春秋社，昭和 14 年（1939）），頁 49～50。
〔註 15〕渡部慶之進，《臺灣鐵道讀本》，頁 73。

37 年 2 月（1904）完成臺南到斗六間的區段；中部方面，明治 38 年（1909）
1 月，完成斗六至二八水（今彰化縣二水鄉）間的區段，同年 3 月彰化至二八
水間也完工。

　　明治 38 年（1905）日俄戰爭爆發，臺灣島內因爲軍事上的需要，南北聯
絡更爲迫切。另一方面，由於得知俄國海軍欲繞道臺灣進攻日本，於是台灣
總督府日夜趕工，在未通車的大肚至葫蘆墩、葫蘆墩至伯公坑間興建「軍用
速成線」應急。〔註 16〕這條位於伯公坑與葫蘆墩間的輕便鐵道於明治 38 年
（1905）5 月 15 日完成。

　　但是，所剩區段爲工程最困難的部分。因北有山丘盤據，中有大安溪、
大甲溪阻隔，南有濁水溪、大肚溪水流湍急，隧道、橋墩工程均困難重重，
又適值日俄戰爭爆發，工程材料的運輸及資金調度均陷入困境，而且此時瘧
疾、鼠疫、霍亂疫情流行，工人相繼死亡，更使工程進展大受影響。全線寬
軌的縱貫鐵路最終區段「後里庄至葫蘆墩」，還是等到明治 41 年（1908）4 月
20 日才正式開通。至此，基隆至打狗（今高雄）的縱貫線完工。同年 10 月
24 日，在臺中公園（今中山公園）北側高丘上第二砲臺舉行基隆、打狗間縱
貫鐵路開通儀式。〔註 17〕明治 41 年（1908）臺灣西部縱貫鐵路的開通，對於
遊覽臺灣的觀光客帶來莫大的便利。明治 36 年（1903）8 月 25 日《臺灣日日
新報》記載到：

> 北部鐵道路線因不通新竹以南。迄於昨年。而臺中行旅之人。終由
> 淡水海路已至塗葛窟。以定期船爲唯一之便路。其不由海者。則冒陸
> 路輕便鐵道之危險。仍需兩日。不便茲甚。及本年四月。苗栗鐵道開
> 通。二日之行程。減去一日。旅行者遂得速望安全。然此後之復由海
> 路者。殆無有矣。只有賀田組之漢陽丸。依然往復該航路。〔註 18〕

由此文獻可以推斷，西部縱貫鐵路開通之前，大部分人多經由水路從淡水至
臺中的塗葛堀港，或耗費兩日時間搭乘輕便鐵道。西部縱貫鐵路陸續開通之
後，除了少數貨物運送以外，臺灣北中南的交通不再依賴船運，轉而倚重鐵
路。鐵道的鋪設，不僅節省觀光客旅行的時間，也給予觀光客一個相對安全

〔註 16〕井出季和太，《臺灣治績志》（臺北市：南天書局，1997 年；原刊於昭和 12
　　　　年（1937）），頁 367。
〔註 17〕氏平要編，《臺中市史》（臺中州：臺灣新聞社，昭和 9 年（1934）），頁 376。
〔註 18〕〈塗葛窟港之今昔〉，《臺灣日日新報》，明治 36 年（1903）8 月 25 日，第 3
　　　　版。文中之「塗葛窟」同「塗葛堀」。

與舒適的移動過程。

　　縱貫鐵路通車帶動交通沿線的都市人文與產業的繁盛，和可觀的經濟效益。由表 3-2-1 可知縱貫鐵路通車後，臺中車站的乘客人次和運輸收入年年增加，到了大正 5 年度（1916）更是加倍成長，達到 33 萬 5,245 圓的巨額。由於臺中車站運輸量的激增，臺灣總督府鐵道部投入 7 萬 3 千多圓的經費，於大正 5 年（1916）9 月 15 日進行臺中車站的改建工程，大正 6 年（1917）9 月 30 日完工。〔註19〕臺中火車站華麗的巴洛克式建築，非常引人注目，成為臺中州顯著的地標，人來人往的中心點。

表 3-2-1：明治 38 年度（1905）、明治 41 年度（1908）及大正 5 年度（1916）縱貫鐵路乘客人次與運輸收入比較表

	明治 38 年度（1905）	明治 41 年度（1908）	大正 5 年度（1916）
乘客人次（人）	73,488	116,969	284,235
運輸收入（圓）	6 萬 4,713 圓	14 萬 6,589 圓	33 萬 5,245 圓

資料來源：小野生，〈臺中驛落成祝賀會に臨みて〉，《臺灣鐵道》第 66 號（1917.12），頁 36 ～37。

照片 3-2-1：大正 6 年（1917）落成的臺中火車站

資料來源：林輝堂總編輯，《臺中市珍貴古老照片專輯・第四輯》（臺灣臺中：臺中市政府，2000 年），頁 204。

〔註19〕小野生，〈臺中驛落成祝賀會に臨みて〉，《臺灣鐵道》第 66 號（1917.12），頁 36～37。

二、海岸線的鋪設

除了縱貫鐵路工程以外，第一次世界大戰期間，由於景氣過好，原本的交通線無法負荷大量的貨物運輸。爲解決此問題，臺灣總督府鐵道部於大正 8 年（1919）開始興建縱貫鐵路的海岸線，大正 11 年（1922）完工。於是，鐵路的海線與山線交會於臺中州境內的彰化，對於貨物以及載客運輸都大爲便利，臺中市則成爲臺灣交通運輸的中樞。在海岸線建築當時，大正 8 年（1919）年 4 月 27 日的《臺灣日日新報》也預期海岸線的開通，旅客和貨運量將會激增，臺中會非常繁榮。〔註20〕

在海岸線興築之前，苗栗至豐原段的山線線路問題最大，建設初期所遺留下來 1／40 的過急坡度，使得鐵道部的配車政策常常因此而受阻，車輛調運的不當造成貨物運輸問題，興築海岸線以加強運輸力即爲當務之急。海岸線始於竹南、經通霄、大甲、清水以達王田。而海岸線完成後，所帶來的影響是全面性的，並非只是改變該線附近地區而已。隨著海岸線的開通，中部臺灣同時有山線、海岸線兩線，由是更加促進商工業的中心地臺中市之繁榮。由於鐵路的發展，原本交通不便的海岸地區與臺中市的關係轉爲密切，臺中市亦受益不少。雖然海岸線最初一年間運輸之成績並不甚佳，但最重要的是海岸線完成後，隨著全線班次與運送力增加，物資的南北運送更爲順暢，解決原本嚴重的滯貨問題。就行車速度而言，由於海岸線的完成，使南北客、貨運的聯絡可縮短在一日內完成。此外，山線原有 12 處隧道，海線不過 3 處，且皆爲小隧道，乘坐的舒適度亦改善甚多。相較於海岸線日漸繁盛，山線則日漸走向衰微一途。〔註21〕

鐵路的開通可以促進觀光發展，帶動人口移動。相對地，一旦交通運輸中斷，則限制了觀光活動進行，阻礙地方發展。昭和 10 年（1935）4 月 21 日早上 6 點 2 分，強烈地震重創中部臺灣。〔註22〕交通運輸方面，除了橋樑道路的崩壞以外，縱貫鐵路也遭受極大的影響，尤以臺中線（山線）區段最爲嚴重，竹南豐原列車無法通行；海岸線則是竹南至清水間中斷，直到昭和 13

〔註20〕〈海岸線と臺中〉，《臺灣日日新報》，大正 8 年（1919）4 月 27 日，第 2 版。

〔註21〕蔡龍保，《推動時代的巨輪：日治中期臺灣的國有鐵路 1910～1936》（臺北市：臺灣古籍出版社，2004 年），頁 45～48。

〔註22〕臺中州，《昭和 10 年臺中州震災誌》（臺中州：編印者，昭和 11 年（1936）），頁 1。

年（1938）才開通。〔註23〕

由於鐵路的中斷，昭和 10 年（1935）雖然舉辦了盛大的始政 40 年臺灣博覽會，卻無法為臺中州帶來大量的旅客收入。據統計，昭和 10 年（1935）的旅客下車人次為 274 萬 5,582 人，僅比昭和 9 年（1934）的多了 12 萬 6,807 人；但是昭和 13 年（1938）鐵路全面開通後，同年 7 月 14 日至 20 日於臺中市教化會館舉行交通展覽會，一週內有 2 萬 4,000 名入場者。而該年的旅客下車人次比昭和 12 年（1937）增加了 60 萬 8,190 人。〔註24〕由此可知，交通運輸工具完善對於一地觀光發展之重要性。

除了縱貫鐵路的海岸線與山線以外，臺中地區尚有以產業開發為主的地方鐵路之建設。首先是集集線的收購，集集線是從縱貫線二水站分出，延伸到外車埕僅 29.7 公里。原是臺灣電力株式會社興建日月潭水力發電所時，為了搬運材料而鋪設。大正 8 年（1919）12 月開工，大正 10 年（1921）12 月完工後，翌年 1 月起亦開始經營一般客貨之運輸。集集線是進入臺灣中部山地唯一的交通路線，穿過中央山脈，當八通關之要衝。當日月潭水力工程告一段落後，總督府便將之收購國營，於昭和 2 年（1927）4 月以 373 萬 8 千圓購買，將之改稱集集線。〔註25〕集集線的中途站水裡坑為新高山（今玉山）的登山口，富產香蕉，為前往中部山區要地埔里、名勝地日月潭的道路。

此外是八仙山森林軌道。大正 8 年（1919），八仙山林場成立，為運輸木材中的極品──檜木，日本當局乃闢建機關車鐵道。其建造目的在於搬運木材，鐵路大部份架設在崎嶇山腰之中，懸崖峭壁之旁，建造過程非常危險。建設初期由於「蕃情」不易控制，因此工程曾一度停擺，全長 50 公里的線路，自大正 15 年（1926）以後，多由石油機關車輔助拖運，昭和 6 年（1931）開放一般客、貨運輸。〔註26〕

八仙山鐵路初期隸屬於臺灣殖產局營林所臺中出張所管理，並在土牛、

〔註23〕小山三郎，〈中部大震災鐵道被害に就て〉，《臺灣鐵道》第 274 號（1935.04），頁 2；〈臺中線開通〉，《臺灣鐵道》第 314 號（1938.08），頁 2。

〔註24〕臺中州，《昭和 13 年臺中州統計書》（臺中州：編印者，昭和 15 年（1940）），頁 450。

〔註25〕蔡龍保，《推動時代的巨輪：日治中期臺灣的國有鐵路 1910～1936》，頁 48～49。

〔註26〕王珊珊，《近代臺灣縱貫鐵路與貨運運輸之研究（1887～1935）》（臺灣新竹：新竹縣文化局，2004 年），頁 114。

水底寮、馬鞍寮、麻竹坑、白鹿、久良栖、佳保臺等地設置車站管制區間火車行駛。鐵路除運輸木材以外，亦受臺中青果組合之請，托運鐵路沿線一帶所生產之香蕉至豐原，利用縱貫鐵路之火車駛往基隆，再以輪船輸出日本。〔註27〕

八仙山森林鐵路開通之後，可先搭乘臺中輕鐵株式會社所經營的豐原至土牛的私設鐵路至終點站土牛下車，再從土牛轉此森林軌道，車程約 3 小時至佳保臺下車。此處有營林所俱樂部，開放給一般旅客住宿。從佳保臺可搭乘纜車前往八仙山林業的中心地──旭岡。〔註28〕但由於車資太高，且安全堪慮，加上當時尚無旅遊風氣等因素，乘客寥寥無幾。而此森林鐵路之管轄權，也於中日戰爭初期，移轉由臺灣拓殖株式會社管理。〔註29〕

總括來說，依據昭和 12 年（1937）的記載，縱貫鐵路於新竹州的竹南站分爲臺中線與海岸線兩條路線。其中臺中線沿著山麓前行，經由大安、后里、豐原、潭子、臺中、烏日、王田、南王田八個車站再到達彰化，總路長爲 42.968 公里；海岸線則沿著海濱進入臺中州，經過日南、大甲、甲南、清水、沙鹿、龍井、大肚、追分、南王田九個車站，最後到達彰化與臺中線交會，總路長爲 43.451 公里。縱貫鐵路一路南下，又經過花壇、員林、社頭、田中、二水五個車站，最後進入臺南州，此段總長爲 36.531 公里。除此之外，從王田到追分站尚有一段連接海岸線和臺中線的鐵路，總長 2.092 公里；從二水站經過集集庄到達外車埕的集集線總長計 29.772 公里，可連絡日月潭埔里地方。上述官設鐵路合併計算，總長達 154.814 公里。〔註30〕

縱貫鐵路全線通車之後，從基隆到高雄約 404 公里，搭乘急行列車，全程僅需要 8 個小時，從基隆到臺中則約 5 個小時。就算是乘坐普通列車，基隆到高雄大約花費 11 個小時，到臺中則是 6 小時 30 分鐘的時間。〔註31〕這樣的速度，在高鐵已開通的 2009 年看來，似乎過慢。但是和只能靠人力和動物力移動的早期臺灣相較，縱貫鐵路的開通可以說是劃時代的空間革命。

〔註27〕王正雄總編輯，《中縣口述歷史第三輯》（臺灣臺中：臺中市立文化中心，1994年），頁 71。

〔註28〕東勢郡役所，《東勢郡勢一覽》（臺中州：編印者，昭和 14 年（1939）），頁 50。

〔註29〕王正雄總編輯，《中縣口述歷史第三輯》，頁 72。

〔註30〕臺中州役所編，《昭和 12 年臺中州管內概況及事物概要》（臺中州：編印者，昭和 12 年（1937）），頁 102。

〔註31〕羽生南峯，〈鐵道閑話（一）〉，《旅と運輸》第 10 號（1938.03），頁 4。

第三節　各式載客運輸工具的普及與發達

　　縱貫鐵路開通之後，臺中州的交通網絡則以縱貫鐵路及其支線為中心，輔以私設鐵路、台車軌道和公路系統，形成綿密的交通網，對於區域間的連結有莫大貢獻。以交通工具來分的話，旅客可藉由鐵路的搭乘，轉乘私鐵或是台車，深入地方甚至是偏遠山區旅遊，促進觀光之發展。除了搭乘鐵路以外，市街內的短距離移動還有人力車，以及後期的計程車、公車可以搭乘。

一、台車軌道

　　在臺灣所稱的私設軌道，係指稱臺灣私設軌道規則中所謂的「鋪設軌條供作一般交通運輸之用」的設備當中，特別不使用瓦斯、蒸氣及電氣作為動力的設施，日本俗稱 Toro，即所謂的手推車鐵路，在臺灣則稱之為台車。〔註32〕而軌道的意思，即是在固定的鐵軌上置放搬運物品的台車，用以運輸人員或物品的交通機關。〔註33〕

　　在臺灣，台車不僅可以用作貨物運送，也可經營一般旅客的載送，是地方上重要的交通運輸設備。運送旅客的台車有分為普通和特別等級，普通台車的椅子附有木板或是竹製的靠背，一輛最多可乘坐四人；特別台車的椅子靠背則為籐製，並有遮陽蓬，一輛只能搭載乘客兩人。平地道路則是一輛台車配上一個車伕（稱台車苦力），爬坡傾斜的道路則會配上兩名車伕。〔註34〕

　　台車最普遍的行駛方式為後推方式，在台車後方豎立兩根木棍，以手握之，由後往前推動。而台車漸漸達到相當速度時，苦力也可跳上台車尾部略作休息，必要時也可利用簡單的煞車減速或停車。〔註35〕依據地勢的不同，苦力會撐起長竿子站在台車上輔助拉車；在風勢較強的海岸邊，台車會如帆船一般揚啟風帆，利用風力加快行走的速度。不論何種行進方式，以人力為推進動力的這一點上卻無改變。

〔註32〕原書為 Toro，台車的日文發音正確為 Toroko，推測為省略或原書筆誤。
〔註33〕渡部慶之進，《臺灣鐵道讀本》，頁276。
〔註34〕山本三生，《日本地理大系：臺灣篇》（日本東京：改造社，昭和5年（1930）），頁303。
〔註35〕渡部慶之進，《臺灣鐵道讀本》，頁276。

照片 3-3-1：1930 年代的手押台車

資料來源：http://ithda.ith.sinica.edu.tw/?action=info&id=15%E2%8C%A9=（2009/03/07）

　　一般說來，台車的時速大概在 6 里左右，陡急的下坡地帶甚至可達 10 里以上，苦力拉車的技術大多熟練，再加上台車設有煞車裝置，所以安全無虞。〔註 36〕由於台車軌道容易鋪設，常常成爲山間僻地間的唯一交通手段，對於交通不便的地方開發有莫大的貢獻。至昭和 12 年（1937）臺中州台車軌道的經營路線如表 3-3-1 所示。

表 3-3-1：昭和 12 年（1937）臺中州台車軌道的經營路線表

經　營　者	路　　　線　　　名
臺中輕鐵株式會社	東勢線、頭汴坑線、員林線、龍眼林線、土城線、沙鹿線、清水線
帝國製糖株式會社	青銅林線、大里線、六股線、土城線、中坑坪、牛欄坑線
臺灣製糖株式會社	埔里線
新社庄	水底寮線
林贍	溪頭線
霧峰宏業株式會社	霧峰線

〔註 36〕山本三生，《日本地理大系：臺灣篇》，頁 303。

南投輕鐵株式會社	集南線、大坑線
昭和製糖株式會社	竹山線、社寮線、名間線、大坑線、甲南線、四塊厝線
新高拓殖軌道株式會社	新高線
日南企業株式會社	五里牌、山腳線
龍井運輸株式會社	龍井線
集鹿拓殖株式會社	集鹿線
張澄渠	鹿谷線
臺中州青果同業組合	大坑線

資料來源：臺中州，《昭和 12 年臺中州統計書》（臺中州：編印者，昭和 14 年（1939）），頁 427～428。

　　臺中市內有數條台車道，可運載貨物及搭載旅客等，其中以臺中至豐原、臺中至頭汴坑爲最大的運輸線。但隨著汽車業的發達，台車的生存空間被壓縮，雖然在山間僻地還是主要交通工具，但是整體而言，昭和 7 年（1932）以後的收入漸漸減少，經營情況大不如以往。〔註37〕

　　但是，台車爲臺灣特有的交通工具之一，其速度雖然緩慢不及汽車，卻能成爲旅途中令人難忘的經驗。搭乘台車不但能感受南國暖風的吹拂，還可近距離接觸自然風光。在南部，若遇季風時節，見到苦力於台車上架起風帆，撐起木棍駕著台車行駛的畫面，就可聯想到荷蘭風力水車的田園景致；在臺灣北部的春天，可邊聽著採茶歌，深呼吸著新鮮空氣，向著山頭的地方去，軌道則向上延伸。順著軌道往下滑，則可以聽到溪谷的聲音；中部的夏天，台車沿著黃熟稻穗間的田間小徑，頂著結實纍纍的香蕉行進；在南部的秋天，嗅著甘蔗香甜的味道，台車軌道就向無垠的甘蔗田般地延伸。〔註38〕搭乘台車旅行，可以體驗臺灣四季風景變換的美妙，對於從日本內地而來的觀光客來說不失爲另類的體驗，具有觀光的吸引力。

二、私設鐵路

　　臺灣最早的私設鐵路，是以明治 29 年（1896）年 5 月由「臺灣鐵道會社」發起人提出請願建設臺灣鐵路而開啓序端。對此臺灣總督府雖核可其設立，

〔註37〕羽生國彥編，鐵道部著，〈官設鉄道を中心とせる臺灣の陸運界〉，《旅と運輸》第 26 號（1938.11），頁 21。
〔註38〕羽生國彥編，〈旅と手押台車〉，《旅と運輸》第 39 號（1939.06），頁 21。

並盡力給予種種保護、扶助等措施。但受到甲午戰後臺灣經濟疲弱的影響，公司陷入資金極度缺乏的困境，最後終未能成立。其後，臺北鐵路公司申請私設鐵路於臺北至新店、臺北至淡水間的計劃，也因資金缺乏未能成立。而藤田組於明治 39 年（1906）著手建設阿里山森林鐵路，最後也因爲資金不足而宣告終止。

真正促使私設鐵路進一步發展的力量是明治 38 年（1905）大舉進入臺灣的日本糖業資本。歷來甘蔗製糖專業都附帶經營廣大的蔗園，縮短蔗園與工廠間的甘蔗搬運時間對維持原料新鮮度、提高製糖比率、增加甘蔗耕作適地等極爲重要。爲達到此要求，工廠、甘蔗園之間，必須設適當的甘蔗搬運機關，因此舖設鐵路或軌道便成爲常態。〔註 39〕

從明治 42 年（1909）總督府進一步制定「臺灣私鐵規程」至昭和 20 年（1945）止，共計有 22 家私鐵會社，私鐵的興築也由最初的 571.4 公里成長至昭和 18 年（1943）的 3024.2 公里。私設鐵路又分爲專供會社運輸貨物而不對外開放的「專用線」；兼營客貨運輸的「半營業線」，以及純粹營業的「全營業線」。〔註 40〕由於製糖會社所經營的「營業線」有優秀業績，激起了企業家的關注，臺灣終於出現以運輸營業爲主要目的「全營業線」建設。大正 3 年（1914），臺中州下所營業的彰南鐵路（彰化、南投間）即屬於此。但後來此鐵路也因景氣低迷及經營不善，營業一年半之後便不幸遭到撤除。

自大正 6 年（1917）起，臺灣的產業受到歐洲大戰的影響，一時之間進展迅速，貨客運輸量大爲增加。因此突顯出運輸能力普遍不足的情況，國有鐵路方面雖進行了海岸線的新建工程，地方交通方面，一如往常地以台車作爲唯一的交通工具，終究已難以回應需要。因此，將軌道改良爲鐵路，「全營業線」鐵路方式經營的時機漸漸成熟。於是，臺北鐵道會社與臺中輕鐵株式會社相繼成立，分別開設萬華至新店間路線及臺中州的豐原至土牛間的路線。前者於大正 11 年（1922）開通；後者於大正 13 年（1924）正

〔註 39〕所謂私設鐵路與內地（指日本）所稱地方鐵路本義相同。日本內地的民營鐵路事業都是依據地方鐵路法或軌道法鋪設、經營，因此一般都稱之爲地方鐵路或軌道，但由於臺灣所依據的法規爲私設鐵路規則，故稱爲私設鐵路。不管稱爲地方鐵路或私設鐵路，其內容在本質上並無差異存在。渡部慶之進，《臺灣鐵道讀本》，頁 260～261。

〔註 40〕呂紹理，《水螺響起：日治時期臺灣社會的生活作息》（臺北市：遠流出版社，1998 年），頁 92。

式開通。〔註41〕

　　臺中州的交通網絡縝密，台車軌道、私設鐵路和官營鐵路相輔相承，縱橫交錯，運輸力勝於其他州。至昭和 12 年（1937）為止，臺中州私設鐵路的經營狀況如表 3-3-2 所示。

表 3-3-2：昭和 12 年（1937）臺中州私設鐵路經營路線表

經　營　者	路　　　　　線　　　　　名
明治製糖株式會社	濁水線、員林鹿港線
大日本製糖株式會社	后里大安港線、線西鹿港線
鹽水港製糖株式會社	田中二林線
帝國製糖株式會社	中南線
臺中輕鐵株式會社	豐原貯木場線

資料來源：臺中州，《昭和 12 年臺中州統計書》（臺中州：編印者，昭和 14 年（1939）），頁 426。

　　臺中州的私設鐵路，除了臺中輕鐵株式會社所經營的豐原至土牛間的路線以外，其餘皆為製糖株式會社所經營。私設鐵路鋪設之初，主要是作為運送製糖原料和公司用品為主，只不過是一般運輸業之下的附屬營業。〔註42〕隨著營業線的漸次開放，經營旅客運輸的成效斐然。南投、水里地區的物產與居民都以私設鐵路作為主要運輸工具；青果合作社利用中南線運送南投的香蕉至鄰近臺中站的花草站，而形成香蕉市。〔註43〕

　　由表 3-3-3 的統計數據可得知，昭和 11 年（1936）之後，台車軌道的乘車人數大不如以往，推測可能原因為昭和 9 年（1934）交通局營業公車的中部路線開始營運，因而衝擊到台車軌道的營業路線。至於昭和 10 年（1935）仍能維持不錯的營業成績，多半與當年舉行始政 40 周年臺灣博覽會所帶來的人潮相關。

　　比較官營鐵路和私設鐵路的營業成績，由於昭和 10 年（1935）官營鐵路因受到中部大地震損毀嚴重，影響到旅客運輸。但是私設鐵路的旅客卻從該

〔註41〕渡部慶之進，《臺灣鐵道讀本》，頁 264。
〔註42〕臺中州編，《臺中州概觀》（臺中州：編印者，昭和 11 年（1936）），頁 83。
〔註43〕張孟秋，《戰後臺中市的產業發展》（臺灣臺中：國立中興大學歷史研究所碩士論文，2007 年），頁 21。

年起明顯增多，推測應該是受到官營鐵路營運低迷的影響，再加上始政 40 週年的博覽會所帶來的收益。而台車軌道的營業收入，則是從昭和 12 年（1937）開始，其乘坐人數均無法突破 70 萬人，和昭和 4 年（1929）盛況空前時的 168 萬多人相比，可謂相去甚多，這是由於其路線被交通局營運的公車路線所取代。

表 3-3-3：臺中州官營鐵路、私設鐵路及台車軌道旅客人次統計表

	官營鐵路旅客人次		私設鐵路 旅客人次	台車軌道 旅客人次
	上　車	下　車		
大正 9 年（1920）	2,178,443	2,166,283	1,367,700	955,954
大正 10 年（1921）	2,458,771	2,477,203	1,354,334	587,515
大正 11 年（1922）	2,337,701	2,325,272	1,331,373	1,125,017
大正 12 年（1923）	2,248,636	2,251,862	1,158,824	1,065,748
大正 13 年（1924）	2,351,611	2,353,005	1,404,656	1,104,611
大正 14 年（1925）	2,830,411	2,834,367	1,711,844	1,142,247
昭和 1 年（1926）	3,095,363	3,094,727	1,935,441	1,360,133
昭和 2 年（1927）	3,517,078	3,540,708	1,788,593	1,461,695
昭和 3 年（1928）	2,989,957	3,697,437	1,827,644	1,557,025
昭和 4 年（1929）	3,363,016	3,346,848	1,997,889	1,680,806
昭和 5 年（1930）	2,626,023	2,618,094	1,684,953	1,273,903
昭和 6 年（1931）	2,484,530	2,486,913	1,202,560	1,207,936
昭和 7 年（1932）	2,242,065	2,230,885	1,212,545	1,020,101
昭和 8 年（1933）	2,496,619	2,492,889	1,315,281	1,116,333
昭和 9 年（1934）	2,622,929	2,618,775	1,602,765	966,475
昭和 10 年（1935）	2,738,915	2,745,582	2,080,216	1,100,134
昭和 11 年（1936）	2,841,309	2,840,654	2,206,997	891,458
昭和 12 年（1937）	3,046,672	3,039,755	2,266,163	678,480
昭和 13 年（1938）	3,696,087	3,647,945	1,725,547	625,927
昭和 14 年（1939）	4,422,125	4,412,969	2,721,562	670,495
昭和 15 年（1940）	5,386,429	5,584,301	2,851,355	614,815

資料來源：臺中州編，《臺中州統計書》，大正 14 年～昭和 16 年（1925～1941）。

三、一般道路與公路

　　日本治臺之後，在軍政體制下，計畫新築道路，由近衛師團和第二師團的工兵隊進行工事。至明治 29 年（1896）3 月止，已鋪設臺中至臺南及埔里、臺南至安平及旗山、高雄至鳳山及東港間，總長 9 里 5 町的道路。明治 30 年（1897），道路鋪設業務轉由地方廳管轄，並於明治 33 年（1900）制定道路橋樑準則，著手進行道路鋪設調查。明治 38 年（1905），重要道路的總長已達到約 830 里。〔註44〕

　　自 1910 年代起，隨著公路、橋樑的修築，新的交通工具汽車登上歷史的舞臺。大正元年（1912）臺灣首度出現汽車，為臺北市日之丸館主杉森與吉所購買，用於接送旅客。營業用的公車與出租汽車（以時計費）的出現，則於同年 9 月 18 日由臺北撫臺街的高松氏得到營業許可，次年 1 月在臺北市及其近郊開始營業。事實上，公路運輸業發展之初，由於汽車工業尚處於幼稚時期，加上道路亦欠完備，故而發展頗為緩慢。此時公路運輸主要是作為火車站與地方都市間的聯絡機關，並非是鐵路的競爭對象。公路運輸業快速發展的時期約在大正 8 年（1919）發佈「自動車取締規則」之後，從此公路運輸的發展開始有一個規範可循。〔註45〕除了汽車以外，短距離移動多仰賴人力車或是公共汽車，雖然也有高價的計程車可搭乘，但並不普遍。

　　大正 8 年（1919），明石元二郎總督宣告開始進行臺灣南北縱貫道路的修築工作。於是沿著路線兩旁的五州居民開始被動員起來，投入這一個浩大的築路工程。一直到了大正 15 年（1926），除了西螺大橋因為工程艱鉅，尚未貫通外，各平地、山地路面大體上已經修建完，而連結各地道路及橋樑也大都竣工。因此在這一年元旦，臺灣總督伊澤多喜男正式宣佈臺灣縱貫道路落成。縱貫道路起點於基隆，沿著海線地區進行鋪設。縱貫道路如果依據清代官道建築，那很自然的會在彰化會合，而彰化將成為縱貫鐵路、公路在竹南分歧後，南邊的第一個會合點。但是基於發展臺中市的考量，縱貫道路硬是從沙鹿來個 S 形大轉彎翻過大肚山後，轉向豐原，然後自北進入臺中，如圖 3-3-1 所示。〔註46〕

〔註44〕井出季和太，《臺灣治績志》，頁 117。
〔註45〕蔡龍保，《推動時代的巨輪：日治中期臺灣的國有鐵路 1910～1936》，頁 191。
〔註46〕陳俊，《臺灣道路發展史》（臺北市：交通部運輸研究所，1987 年），頁 319。

圖 3-3-1：臺中州縱貫道路改道路線圖

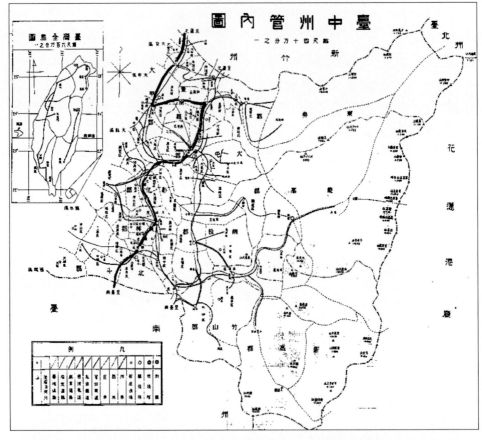

資料來源：臺中州，《昭和 10 年臺中州統計書》（臺中州：編印者，昭和 12 年（1937））。
補充說明：黑色粗體線部分爲縱貫道路改道路線。

　　由於臺灣總督府政治力量的介入，縱貫道路的鋪設路線在中部進行大改道，臺中市獲得更便捷的交通運輸管道。而臺中州境內的豐原也因而得利，順利解決了與臺中海線交通不便的問題，因而發展起來。至昭和 11 年（1936），臺中州的道路長度總計已達到 2,248 公里，其中縱貫道路計 108 公里、指定道路計 396 公里，其餘道路則是 1,742 公里。

　　在橋樑建設方面，臺中州有大安、大甲、烏溪、濁水四大河川，還有許多大大小小的河川。在這些河川上所設置的橋梁總數已達到 2,900 座。〔註 47〕至昭和 13 年（1938），臺灣主要道路橋樑之修繕工作泰半已完成，臺中州公

――――――――――――
〔註 47〕臺中州編，《臺中州概觀》（臺中州：編印者，昭和 11 年（1936）），頁 81。

路主要橋樑，長度 100 公尺以上者，計有集集大橋（臺中竹山道）、大甲溪橋（縱貫道路）、大安溪橋（縱貫道路）、東勢大橋（豐原東勢道）、烏溪橋（臺中埔里道）、大里橋（臺中埔里道）、草湖橋（臺中埔里道）。

　　除了一般道路與縱貫公路以外，還有橫貫山地的道路。由於中央山脈險阻，加上原住民易於生事，以及山地內多毒蛇猛獸，出沒無常，傷害行旅。此外更有一種毒蟲，名曰紅蟲，為人目力所不及見，黏附體膚，吸吮人血，若不立即發覺藥治，越數小時，不治身亡。種種原因，都使得開鑿橫斷中央山脈道路為最難之工程。直到大正 6 年（1917），才開始興築橫貫中央山脈的道路及其他附帶道路，總長 1,099 公里，對於山地之開發實有裨益。〔註48〕

　　臺灣總督府為了大力實行其理蕃政策，乃重新測繪路線，分東、西兩段另闢一條「八通關越道路」。大正 8 年（1919）6 月，在大批武裝警察的警戒下，八通關越警備道路正式動工。道路全線於大正 10 年（1921）1 月完工。東、西二段以大水窟為分界點，西段自楠仔腳萬（今南投縣信義鄉久美村）起至大水窟，長約 42 公里，東段自玉里至大水窟，長 82 公里 145 公尺。日人修築之八通關越道路與清朝之八通關古道，路徑完全不同，而且幾乎完全沒有重疊之處。

　　日人興築八通關越橫斷道路之目的，除聯絡東西部交通外，更著眼於加強對深山原住民的統治與「教化」，並進行林野自然資源的開發，故沿線設置眾多警官駐在所的相關設施。1920 至 30 年代曾有人提出將八通關越道路鋪設為高山鐵道，也有計畫將八通關越道路改建為汽車道的「八通關越橫斷道路」計畫，但是都未付諸實現。

　　除了八通關越道路以外，臺中州還有能高越道路和卑南越道路等山岳道路。能高越公路於昭和 15 年（1940），以工程費預算總額 926 萬 7 千餘圓，計劃開鑿自南投能高郡山地富山社至花蓮港廳番社銅門間之汽車公路。自同年開始興築，旋因戰爭爆發，工程費預算額裁減，直到昭和 19 年（1944），僅付出工程費 90 萬元，完成公路約 10 公里而已。〔註49〕

　　公路的開發使原本神秘山區地帶變得平易近人，不再是無法接近的暗黑

〔註48〕林熊祥主修、林平祥纂修、臺灣省文獻會主編，《臺灣省通志稿：第十八冊卷四經濟志工業·交通篇》，頁 37。

〔註49〕林熊祥主修、林平祥纂修、臺灣省文獻會主編，《臺灣省通志稿：第十八冊卷四經濟志工業·交通篇》，頁 39～40。

地帶，至昭和 3 年（1928），臺灣境內已開發的山地公路共計 14 條。〔註50〕
山岳道路的開通，不僅能夠改善原住民生活，對於山岳觀光資源的開發更有
莫大的助益。公路上，每隔兩三里有警察駐在所（派出所），護衛山地旅行者，
並供給食宿。行人最多者為途經日月潭、埔里、霧社達能高越之公路，全部
均屬山地，最高海拔達 3,300 餘公尺，所經有熱帶叢林、溫帶密林，山頂冬季
積雪丈餘，以東之地域，特為險峻。

四、公路運輸業與其他交通工具

隨著道路開發的完備，地方漸次開發，以及燃料、車輛的價格降低等
因素，公路運輸業的發展極為迅速，到了昭和 6 年（1931）6 月，公路里程
數已達國、私鐵總和的 3 倍。公路運輸業的迅速發展，使得原本在陸運獨
占鰲頭的鐵路，在營運成績上受到強烈衝擊。〔註51〕以臺中州為例，老松
自動車會社經營臺中至清水間的公車路線，即影響縱貫鐵道臺中經南王田
至清水的區段營業額；其餘如吳明振所經營的豐原至屯子腳的公車路線，
則影響縱貫鐵路豐原至后里的區段；旭日自動車會社所經營的彰化至員林
區段、賴水蘭所經營的臺中至豐原區段、中清自動車會社所經營的臺中至
沙鹿區段及杉森隆次所經營的二水至水里坑區段皆與縱貫鐵路路線衝突。
〔註52〕

面對公路運輸業的衝擊，臺灣總督府鐵道部的對策是增加列車班次、降
低運費、簡化乘車手續、改善車站各項設備、增加沿線車站數目及發行回數
券等方法。〔註53〕除此之外，亦於昭和 5 年（1930）臺灣臨時產業調查會召
開之時，確立交通局營運公車路線的方針，於會議中針對公路營運問題進行
討論。強調為了避免國有鐵路與公路營運間無益的投資與競爭，發揮其共同

〔註50〕 此 14 條公路包括內大魯閣道路、能高越道路、八通關越道路、西亞他鹿道路、
　　　　卑南越道路、里末看巴能道路、大甲溪道路、北坑溪道路、角板山三星道路、
　　　　花宜道路、內木鹿道路、臺東屏東道路、關山越道路、浸水營道路。參考林
　　　　熊祥主修、林平祥纂修、臺灣省文獻會主編，《臺灣省通志稿》第十八冊卷四
　　　　經濟志工業・交通篇，頁 38。

〔註51〕 蔡龍保，《推動時代的巨輪：日治中期臺灣的國有鐵路 1910～1936》，頁 191
　　　　～193。

〔註52〕 田村安一，〈旅客誘致策の再檢討〉，《臺灣鐵道》第 274 號（1935.04），頁 15
　　　　～16。

〔註53〕 大町郊村，〈旅客誘致の一端として回數乘車券の割引發売を提唱す〉，《臺灣
　　　　鐵道》第 212 號（1930.02），頁 4～5。

的特質，便利於顧客民眾，應將鐵公路的經營主體統一，在國營的方針下經營。〔註54〕

於是昭和 8 年（1933）7 月 26 日交通局爲統籌臺灣的公路運輸業界，而開始營運公車路線，以之作爲鐵路的補助機關。首先開通的是北部線，北部線分爲基隆線（基隆－臺北間）、北新線（臺北－新竹間）、北淡線（臺北－淡水間）；昭和 9 年（1934）9 月 3 日，復加開中部線，即豐中線（豐原－臺中間）、中員線（臺中－員林間）、員二線（員林－二水間）、苑王線（苑裡－南王田間），苑裡到大甲間的路線則於昭和 11 年（1936）7 月 2 日開通；昭和 12 年（1937）9 月 5 日復加開南部線，即嘉南線（嘉義－臺南間）、南高線（臺南－高雄間）；昭和 16 年（1941）11 月開通南迴線（高雄－枋寮－臺東以及鵝鑾鼻方面）。〔註55〕

昭和 10 年末（1935），除了交通局所經營的公車路線以外，其他私營公路運輸業的經營者有 125 家，車輛達到 1,006 臺，總里程達到 4,804 公里，即使是再偏僻的部落也有公車可達，公路運輸交通網綿密。此外，依據昭和 10 年（1935）鐵道部自動車課的調查，臺中州的私營公路運輸業者的數量遠較其他州爲多，由於州內競爭激烈，在票價上給予優惠、發行回數券的比率也較其他州爲多。〔註56〕

由於鐵路與公路運輸的路線重疊，促使鐵道部思考留住客源的方針。鐵道部除了改善鐵路經營品質，並兼營公路運輸。在這波競爭之下，最大的受惠者則是乘客，以臺北、臺中爲中心的交通局營業的公車系統作爲鐵路的補助機關，給予短距離旅行者便利。〔註57〕局營的公車營業路線經過各個觀光景點，並發行路線紀念章。其路線紀念章不僅具有觀光宣傳意味，也體現了地方的特色。（圖 3-3-2）此外，交通局也會因應時節發行局營公車的特別乘車券，夏季推出海水浴場乘車券，以優惠的價格吸引乘客利用。

〔註54〕丸岡道夫，〈局營自動車の意義竝に現況〉，《臺灣鐵道》第 287 號（1936.06），頁 33。

〔註55〕臺灣總督府鐵道部編纂，《臺灣鐵道旅行案內》（臺北州：東亞旅行社臺灣支部，昭和 17 年（1942）），頁 54。

〔註56〕平山亮一，〈臺灣に於ける民營バス運賃〉《臺灣鐵道》第 274 號（1935.04），頁 34～35。

〔註57〕羽生國彥編，〈官設鉄道を中心とせる：臺湾の陸運界〉，《旅と運輸》第 26 號（1938.11），頁 21；羽生國彥編，〈官設鉄道を中心とせる：臺湾の陸運界〉，《旅と運輸》第 52 號（1939.12），頁 24。

圖 3-3-2：昭和 13 年（1938）局營公車紀念章

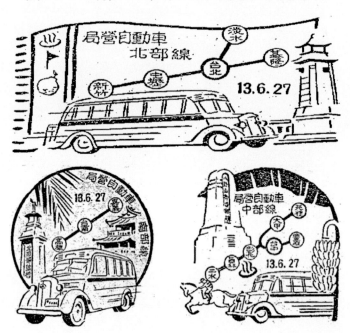

資料來源：臺灣鐵道協會，《臺灣鐵道》第 314 號（1938.08），頁 40～2。

　　此外，臺灣民眾也漸漸習於搭乘公車進行移動，可由下列事實證明。昭
和 12 年（1937）12 月，局營公車中部線的單月收入 52,544 圓 9 錢，雖然較
北部線的 43,365 圓 95 錢，南部線的 25,519 圓 80 錢為多。但是仔細探究，
和業績逐月固定成長的北部線和南部線相較，中部線的業績比起前一個月
卻減收了 2,600 圓，和前一年的同時期相較則短少了 3,300 圓，其中最主要
的原因為大甲媽祖祭典該年未舉行。〔註 58〕由於參加大甲媽祖祭典的為臺灣
人居多，祭典中止舉辦而造成中部線路的損失，可知臺灣人為搭乘公車之
大宗。

　　除了公路汽車業外，轎子、人力車、汽車等均是觀光客於短距離移動時
所利用的交通工具。〔註 59〕首先是轎子，日本領臺之初，轎子為一般市街上
最普遍的交通工具。到了明治 37～38 年（1904～1905）之際，由於道路修
繕、橋樑架設、道路開闢，人力車和腳踏車也開始發展起來。依據明治 42 年

〔註 58〕羽生國彥編，〈局營バスたより〉，《旅と運輸》第 6 號（1938.01），頁 15。
〔註 59〕人力車為臺北府城設立之初，光緒 13 年（1887）劉銘傳從上海購進人力車
　　　　150 輛，行駛於城內、艋舺和大稻埕之間。

（1909）的統計，當時臺中市的轎子營業者有 372 家，轎夫則有 2,752 人。
〔註 60〕但隨著各式交通工具的發達，如轎子般的傳統交通工具，已漸漸被汽車等新式交通工具所取代，此情況尤以臺中市、彰化市等大都市為最。從表 3-3-4 的統計可知，昭和 10 年（1935）臺中市轎子的數量已減少至 7 輛，市內的主要交通工具被新式的公車業所取代。

表 3-3-4：昭和 10 年底（1935）臺中州陸上交通工具數量統計表

市郡名	腳踏車	人力車	貨　車		轎　子	汽　車	
			牛、馬車	手拉車		公　車	貨　車
臺中市	5,918	235	214	322	7	148	48
彰化市	1,613	75	208	205	11	39	19
大屯郡	4,608	---	404	547	50	14	9
豐原郡	3,875	36	393	722	35	46	20
東勢郡	861	1	21	145	17	18	18
大甲郡	3,241	18	1,008	513	62	48	24
彰化郡	5,478	25	1,375	1,507	37	48	16
員林郡	9,182	41	1,539	1,446	64	66	19
北斗郡	6,706	6	4,488	354	42	56	32
南投郡	1,825	13	686	192	42	25	22
新高郡	443	1	74	197	15	15	7
能高郡	1,190	4	173	28	11	18	9
竹山郡	591	1	135	37	26	11	3
總　計	45,531	455	10,178	6,216	419	552	247

資料來源：臺中州，《昭和 10 年臺中州統計書》（臺中州：編印者，昭和 12 年（1937）），頁 489。

補充說明：---代表無數據。

臺中州人力車的發展，若以臺中市為例，可追溯至明治 41 年（1908）臺灣縱貫鐵路全通式舉行之際，當時交通局為迎接大量賓客準備 120 台轎子 200 多位車伕，從外地而來討生意的車伕也多，一時之間市內人力車數量暴增。

〔註 60〕氏平要編，《臺中市史》（臺中州：臺灣新聞社，昭和 9 年（1934）），頁 432。

縱貫鐵路全通式後人力車的數量雖然減少至 50 至 60 多台，但人力車業漸次發展，至大正 2 年（1913）為 150 台，大正 10 年（1921）以後則維持在 200 台以上的數量。〔註61〕人力車適於短距離移動，一般平路 1 里為 35 錢；如遇夜間或是路況不佳則增加 2 成，暴風雨則加 5 成。若以臺中市的人力車為例，從臺中車站出發至臺中座（劇場）、臺中公園為 30 錢；至臺中神社、初音町遊廓（風月場所）、地方法院等地則是 15 錢。〔註62〕

　　隨著縱貫鐵路的開發，公路的整備，臺灣交通網漸趨綿密。觀光客可搭乘縱貫鐵路進行長距離的遊覽，再轉乘台車、私營鐵路、汽車深入鄉間僻地。觀光客花在移動的時間，也因為各式交通工具的新式化，路線增設而大大的縮短。當時的旅遊相關書籍和雜誌，如《臺灣觀光指引》、《旅と運輸》等書中，介紹景點的同時也會附上各個景點間的聯絡線路略圖，標示出縱貫線、台車軌道和私營鐵路的轉乘關係。如圖 3-3-3「竹南彰化間線路略圖」、圖 3-3-4「彰化嘉義間線路略圖」及圖 3-3-5「臺灣視察案內圖」就清楚地標示臺灣各地官營鐵路、台車和私設鐵路的轉乘關係。透過線路略圖的指示，觀光客可以很快地得知如何利用各種交通工具前往目的地。

　　比較大正 15 年（1916）和昭和 11 年（1936）觀光客前往日月潭旅遊，前往魚池所需花費的時間。大正 15 年（1916）時，即使一大清早 6 時搭乘縱貫鐵路從臺中出發，抵達二水（原二八水）為早上 8 時 20 分。再轉乘明治製糖會社的私營鐵路 9 時左右到達楠仔庄，稍作休息之後於 9 時 15 分再乘換臺灣製糖會社經營的埔里社軌道，到達集集街用中餐已是上午 11 時。用過午餐之後於下午 1 時再度出發，直到下午 4 時半才抵達目的地魚池。扣除休息時間，乘車時間共約 8 小時半。〔註63〕反之，昭和 11 年（1936）前往魚池，從臺中搭乘縱貫鐵路至二水花費 2 小時 20 分，再轉集集線至水裡坑花費約 1 小時 5 分鐘，到達水裡坑之後直接搭乘公車到魚池 1 時 20 分鐘，加上轉乘時間，大約花費 5 個小時。兩相比較之下，可知後者的時間減少了約 3 個半小時，對於觀光客來說無非是莫大的便利。

〔註61〕氏平要編，《臺中市史》，頁 428～429。

〔註62〕柴山愛藏，《臺灣之交通》（臺北州：臺灣交通研究，大正 14 年（1925）），頁 197。

〔註63〕岡部生，〈埔里社行〉，《臺灣鐵道》第 45 號（1916.03），頁 32～36；二水站，〈日月潭、霧社方面旅行案內〉，《臺灣鐵道》第 291 號（1936.07），頁 65。

圖 3-3-3：竹南彰化間線路略圖　　　　圖 3-3-4：彰化嘉義間線路略圖

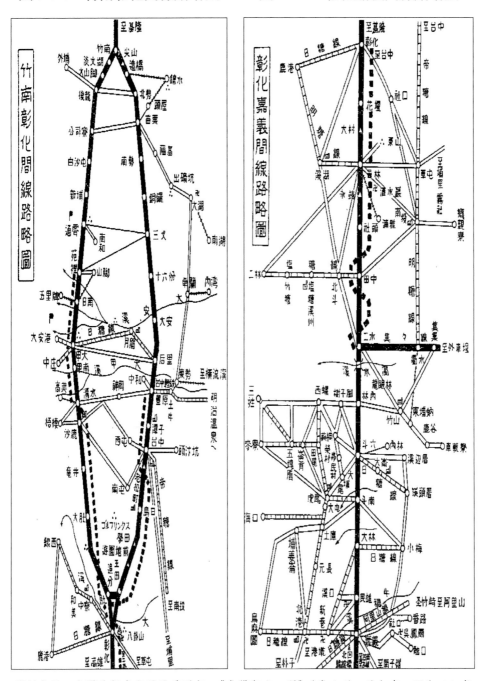

資料來源：臺灣總督府交通局鐵道部，《臺灣觀光の栞》（臺北州：編印者，昭和 15 年
　　　　　（1940）），頁 17、20。

圖 3-3-5：臺灣視察案內圖

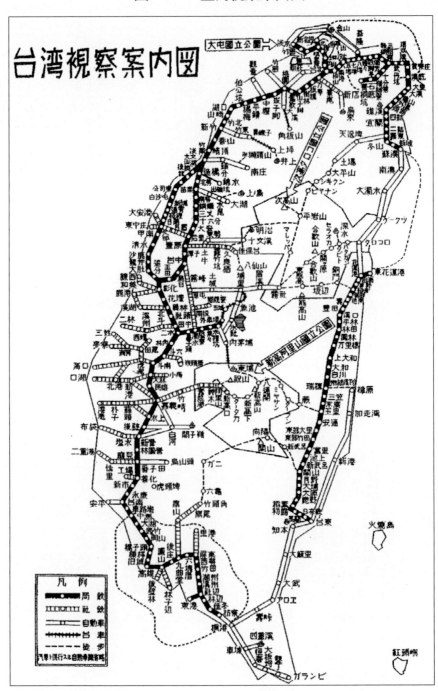

資料來源：臺灣鐵道部，《臺灣鐵道旅行案內》（臺北州：東亞旅行社臺灣支部，昭和 17 年（1942））。

第四章　臺中州觀光資源的完備

　　日治時期在臺灣總督府的政策規劃之下，臺中州的交通有長足進展。尤其明治 41 年（1908）西部縱貫鐵路全線開通，成為連接臺灣南北的主動脈之後，觀光客可搭乘縱貫鐵路，再轉搭台車、私營鐵路、公車或人力車等交通工具深入鄉鎮或是偏遠地區。透過國營與私營交通工具的相互搭配，交通網絡漸趨綿密，人們得以往來於臺灣各地，觀光行為產生的現實條件從而具備。

　　本章則針對催生觀光行為產生的重要因素——觀光資源進行論述。[註1]日治時期的臺中州有哪些觀光資源足以吸引遊客前來遊覽，又有哪些觀光資源透過政策被開發，則是本章所要討論的問題，並從都市休憩空間的形成、人文觀光資源、自然觀光資源三個面向，說明臺中州的觀光資源如何在臺灣總督府規劃之下，透過政治力介入而漸漸完備。

第一節　都市休憩空間的形成

　　John Urry 指出，觀光行為涉及到「偏離常軌」（departure）這觀念：一種有限度地擺脫那些日常生活習以為常的慣例與行事作風，讓我們的感官投入一連串與生活上的「平凡無奇」形成強烈對比的刺激。[註2]作為觀光客，總

〔註 1〕 觀光資源就實質上之定義而言，凡可能吸引外地遊客來此旅遊之一切自然、人文景觀或勞務及商品，均稱為觀光資源。楊明賢，《觀光學概論》（臺北市：揚智文化事業公司，2002 年），頁 113。

〔註 2〕 John Urry，葉浩譯，《觀光客的凝視》（臺北市：書林出版社，2007 年），頁 21。

會期待透過觀光得到有別於日常生活的愉快經驗，並帶著好奇的目光凝視出遊之地。那麼日治時期，不管是從外國、日本內地而來，或是臺灣本島的觀光客，他們的旅行目的爲何呢？從刊登在《臺灣鐵道》刊物上的問卷調查結果，或許可以一窺究竟。表 4-1-1 問卷之調查對象爲 144 個一般旅遊團體，大致仍可探知觀光客的旅行目的。此調查之訪問對象計有 5,542 人，由其結果可知當時團體旅遊的目的以都市及遊覽地參觀居多。所謂都市觀光，指的是參觀都市裡的各式建築及觀光資源，可能是公園、博物館、文教設施等觀光休憩地；由觀光學理論的分類也可證明，都市市容、公共建設、公共設施皆屬於觀光資源中都市觀光資源的一環。〔註 3〕

表 4-1-1：昭和 9 年（1934）旅客交通系統調查

（一）訪問對象日臺比例

種 族 別	人 數	比 例
內地人（日本人）	1,659 人	30%
本島人	3,883 人	70%

（二）訪問對象職業分別（單位：人）

	官吏	公司銀行員	商人	農業	手工藝者	學生	苦力	其他
人數	766	396	1,262	1,876	319	70	612	241

（三）旅行目的

旅 行 目 的	件 數	人 數
農事視察	27	1,073 人
商業視察	7	230 人
產業視察	4	137 人
品評會講習會	6	220 人
外出工作	25	875 人
都市及遊覽地參觀	31	1,239 人
棒球比賽	13	487 人

〔註 3〕林連聰等編著，《觀光學概論》（臺灣臺北：國立空中大學，2006 年），頁159。

慰安會	6	386 人
參拜團	6	283 人
其　他	19	612 人
總　計	144	5,542 人

資料來源：臺灣鐵道協會，〈旅客招攬政策之再檢討（三）〉，《臺灣鐵道》第 277 號（1935.07），頁 44。

對身處現代的臺灣人來說，由於交通便捷，前往臺北、高雄等大都會並非難事，再加上城鄉差距不大，所以臺灣本島內的觀光活動並非以都市觀光為主。然而，對於日治時期臺灣本島的人民來說，從鄉下「進城」往往是件大事。這是由於日治以前，臺灣不管是鄉下還是城市大多未經過規劃，從青島勝三的描述可以得知當時臺灣一般市街的情形：

> 清領時期的臺灣被冠上三年一小亂五年一大亂的稱號，以難以治理為名。在都市計畫方面，雖然臺北、臺中、臺南、嘉義、鳳山等府城及縣城的所在地，在清朝被建設為城，有些城市沒有市區計畫的紀錄，就算經過計畫而建設，但效果不彰，可以說完全沒有可看之物。另一方面，民眾缺乏衛生觀念和公德心；市街地非常狹小，下水道設施不完全，污水溢至路上，家畜於街頭放養，而且人畜同棲於一個屋簷下。這樣的情形尚可由今舊市街的樣貌想像而之，見此景只覺得誇張。〔註4〕

由此紀錄可知，日人眼中的臺灣人缺乏衛生觀念，人畜共棲於同一屋簷之下，汙水流溢至路上。日治以前，一般市街的住居品質低落，更甭論以其作為觀光旅遊的目的地。因此，日治時期透過市區改正後乾淨整齊的街道、新潮的西式建築、繁華的商家店鋪；或是各項休憩遊樂設施，如展覽館，電影院等，對於臺灣人都具有極大的吸引力。大東生曾在〈南遊見聞錄〉發表以下看法：

> 在南部各廳市街，大率改正市區，成厥美觀。夫改正市區一舉，各處地方雖一時有許多之擬議，然在改正後而觀，則向之所為苦情者，覺淡然若忘。皆以其美觀與便利，而暢然滿志。〔註5〕

〔註 4〕 青島勝三，〈都市計畫の概況及一般調查〉，收於臺灣總督府內務局編，《臺灣都市計畫講習錄》（臺北市：編印者，昭和 12 年（1937）），頁 636。

〔註 5〕 大東生，〈南遊見聞錄〉，《臺灣日日新報》，明治 39 年（1906）3 月 20 日，第 1 版。

由此可知，透過市區改正，都市既美觀又便利，足以滿足遊客之需求。對於從日本內地或是外國而來的觀光客來說，環境衛生的改善，街區乾淨整潔是觀光最基本的條件；對於臺灣本島的居民來說，近代化市街則成爲新興的觀光地。針對此點，本文認爲日治時期的臺中州絕對具備足以吸引觀光客探訪的吸引力，本節將以臺中州最大的都市臺中市爲例，從「市區改正計畫」、「近代化建築」和「公園綠地的規劃」三個面向，探討臺中州的都市如何在臺灣總督府的政策規劃之下，形成一個適於觀光客旅遊的休憩空間。

一、市區改正計畫

殖民統治之初，臺灣各地頻生傳染性疾病，統治當局認爲是因都市環境不佳、家屋構造及衛生不良，以及欠缺上、下水道之故。此不良環境不僅有礙於都市之公共安全、公共交通及衛生，且不利於統治上之安定。〔註6〕再加上，爲了使日本移民興起永住之心，宏大的都市計畫、建造壯麗的建築物、建設完整的都市設備，以安定內地人，是殖民統治的必要條件。〔註7〕所以，臺灣總督府在臺灣各地，實施市區改正計畫。明治 38 年（1905）〈市區計畫之公用官用目的之預定告示與地區內土地建物相關之法令〉公布；明治 43 年（1910）組織臺灣總督府市區計畫委員會，作爲全島市區改正的諮詢機關；明治 44 年（1911）又頒布〈市區改正計畫之相關具體事項〉。〔註8〕隨著相關法令的制定，臺灣各地的市區改正計畫相繼進行。經過改造後的市街，不僅衛生條件良好，交通完善，也規畫有休憩娛樂等相關設施，成爲適於人居之地。

由於大量日本人移居臺中，爲了因應人口增加的居住問題，臺灣總督府於明治 34 年（1901）將市區改正計畫的重心從臺北移轉至臺中，臺中市一躍成爲日治時期的新興都市。據昭和 11 年（1936）的市區改正計畫統計資料，可知臺中州內計畫進行市區改正的街庄數量，以 16 個居於全臺之冠。而臺中

〔註6〕傳染病尤其是霍亂、傷寒、瘧疾和黑死病時常肆虐。另外，道路狹窄曲折，排水不良、鼠類棲息，甚或人畜共處。黃武達，《日治時代臺灣都市計畫歷程之建構（1895～1945）》（臺北市：南天書局，2000 年），頁 187。

〔註7〕鶴見祐輔的觀點，轉引自夏鑄九。夏鑄九，〈殖民的現代性營造：重寫日本殖民時期台灣建築與城市的歷史〉，《台灣社會研究季刊》第 40 期（2000.12），頁 63。

〔註8〕青島勝三著，〈都市計畫の概況及一般調查〉，收於臺灣總督府內務局編，《臺灣都市計畫講習錄》，頁 687。

市作為臺中州行政中心，其市內規劃成公園綠地的土地面積，占了市區改正計畫總利用土地面積的 10%。這個比例僅次於花蓮廳的 13.7%，居於全臺第二。〔註9〕在臺灣總督府的規劃下，臺中市成為日治時期最重要的新興都市，不僅是臺中州最大的城市，也是全臺灣最早經過都市規劃的城市之一，街道採棋盤式格局，綠川、柳川流貫其間，加上公園綠地的規劃，擁有優美的都市型態，蛻變成有「小京都」美稱的都市。

反觀日治以前的 1890 年代，清朝政府在臺灣建立新行省，並將臺灣府治及臺灣縣治由臺南改設於臺中。臺中市也一躍成為新省會，為新興的政治性都市。但是，建城不滿三年，省會又遷往臺北府城，是故「省會臺灣府城」此一名詞，實際上只存在於 1890～1894 年之間。

甲午戰後，臺灣割讓給日本，明治 28 年（1895）年進入日治時期。臺中市在當時不過是戶數 296 戶，人口僅僅 1,452 人的小部落。〔註10〕日本人接收這個未完成即荒棄年餘的原臺灣府城，對此空城的經營態度，一是順手接收了大量的官有地和房舍做為臨時性的使用；二是繼承岑毓英、劉璈、劉銘傳的臺灣整體防禦概念，完成縱貫和橫貫交通線，並以此地為臺灣中部樞紐，鞏固臺灣中部地區的軍政統治。故而，原臺灣府城扭轉了廢城的命運，在日人的銳意經營之下，以「臺中」為名走回歷史舞臺的中央，展現全新的風貌。〔註11〕

領臺初期，明治 28 年（1895）秋天，以春田嘉太郎、高橋國助為首的兩名內地軍人，於臺灣戰役結束之後並未歸國，反而是定居於臺中，首開移民的先例。〔註12〕當時，臺灣總督府原擬以臺中作為中部之大都會，進行了小規模的臺中市街的改善計畫，以大墩通為起始點，開闢道路，設計成內地人（日本人）商店街並規劃公共市場。此外，為了改善環境衛生，設置排水溝，排除汙水。〔註13〕真正大規模的進行市區改正則要等到明治 33 年（1900），由臺中縣知事木下周一所發佈的計畫開始。

〔註 9〕青島勝三著，〈都市計畫の概況及一般調查〉，收於臺灣總督府內務局編，《臺灣都市計畫講習錄》，頁 643～645。
〔註10〕氏平要編，《臺中市史》（臺中州：臺灣新聞社），頁 12。
〔註11〕林良哲、袁興言編，《臺中文獻第六期：臺中市歷史建築發展回顧》（臺灣臺中：臺中市文化局，2003 年），頁 51。
〔註12〕篠原正巳，《臺中：日本統治時代の記錄》（臺北市：財團法人臺灣區域發展研究院臺灣文化研究所，1996 年），頁 218。
〔註13〕篠原正巳，《臺中：日本統治時代の記錄》，頁 221。

　　明治 33 年（1900）1 月 6 日所發佈第五號公告「臺中市區改正圖」（圖
4-1-1），是日治時期臺灣最早的市區計畫。依此計畫，在官署較爲集中的區
域，依循現實條件劃設新的街道，用地侷限於城內西北部份，即東西大道以
北及南北大道以東 329.306 公頃。在東側的陸軍用地方面，則將既有聚落新庄
子地區附近一起劃入。〔註 14〕街道相正交爲棋盤格子式的設計，其主要是以
充分陽光殺菌的衛生考慮，正中央提供作大公園用地，縣廳、辦公處所則選
在原清代考棚位置並加以擴充，而東大墩街則被隔絕於外。〔註 15〕

圖 4-1-1：明治 33 年（1900）臺中市區改正計畫圖

資料來源：氏平要編，《臺中市史》（臺中州：臺灣新聞社，昭和 9 年（1934）），頁 280。

〔註 14〕林良哲、袁興言編，《臺中文獻第六期：臺中市歷史建築發展回顧》，頁 56。
〔註 15〕張勝彥編纂，《臺中市史》（臺灣臺中：臺中市立文化中心，1999 年），頁 130。

　　但是，當時的都市計畫仍然停留在概念發展、初步計畫公告，以及修正的階段，在 5 年之內，新的統治者仍然在忙著構思和擬定各種新計畫。是故，在城市實況方面，當時的臺中市區樣貌，除了北門至小北門之前的城牆被拆除，使得與大墩街關係變得更密切，以及日人興建了一些臨時性的營房外，其實並無大異。〔註16〕

　　明治 34 年（1901）6 月 28 日，臺中縣告示第 75 號「市區改正區域及附屬地平面圖」基本上是明治 33 年（1900）木下周一的計畫的落實。兩者主要差異僅在於機構用地的局部調整和河川道的流向改變，其餘的用地和交通等均無太大的變動。〔註17〕明治 36 年（1903）在臺灣總督府的關心與資助下，斥資了 12,000 圓的街區改正工事再度開工，爲發展大墩街與新庄子間，開闢了自小北門東南斜貫「下街庄」的縱橫街道網，最先完成的有小北門街、北興街、珠墩街、新福街等新街區。〔註18〕

　　在明治 38 年（1905）以後，由臺灣總督府陸軍部和鐵道部所主導的鐵路縱貫道路計畫，顯然沒有考慮到土木部所規劃的臺中市區改正計畫，而使縱貫道路從市區當中劃過，又將臺中火車站新設在市區正中央，使得原本的都市只執行了部份區域就必須配合既成事實而做大幅度的變更。〔註19〕當時，縱貫鐵路已修築至葫蘆墩（今臺中市豐原區），爲配合鐵路的施工，特別講究臺中火車站前的繁榮，遂開發「五天橋」即後來的「新盛橋」至今彰化銀行的空地（中山綠橋以西到一福堂附近的鄰地），這片空地多是低漥沼澤，塡土造陸的工程費用高達 10 萬圓以上。此外，也規劃舊街的拆除，使得臺中市容漸成新樣貌。以鐵路區隔分割出的「站前」、「站後」二區發展模式，對往後的臺中市的形貌產生了重大影響。站前地區發展快速，相較之下，站後的發展速度顯然不及站前，而局限在原有木下周一時代的府城東西大街以北和西門城牆以東的地區。〔註20〕

　　明治 41 年（1908）臺灣西部縱貫鐵路全線通車，並在臺中公園舉行全線通車大典，此時又是街區改正的大好時機。火車站前各道路，特別是新盛街（今中山路）兩旁之宅鋪建築格外受重視，跨越綠川各橋樑也因所需而改築

〔註16〕林良哲、袁興言編，《臺中文獻第六期：臺中市歷史建築發展回顧》，頁 59。
〔註17〕林良哲、袁興言編，《臺中文獻第六期：臺中市歷史建築發展回顧》，頁 63。
〔註18〕張勝彥編纂，《臺中市史》，頁 132。
〔註19〕林良哲、袁興言編，《臺中文獻第六期：臺中市歷史建築發展回顧》，頁 67。
〔註20〕張勝彥編纂，《臺中市史》，頁 132。

竣工，增闢春田館旁通往憲兵隊至今臺中地方法院之街道，整修臺中公園，埋設下水道，加鋪路面，使臺中街容再煥然一新。〔註21〕

　　明治44年（1911），臺中廳告示第178號公布「市區改正設計大要」。告示之要點如下：（一）新築街道幅度加寬，由90公尺擴至126公尺。（二）確立新街道路網的等級，區分出聯絡市外之動線與聯絡市內之動線。（三）規劃臺中廳舍及臺中醫院用地，將廳舍置於街區的中心點。（四）市內僅留綠川、柳川，餘各河床、窪地填土改善。（五）在計畫道上之舊有建築物限期拆除。以日本的「京都」為參考依據，將臺中市的市中心區規劃完成。本時期之改正計畫為歷年來規模最大者，奠定今日臺中市鐵路站前核心區之都市圖案。〔註22〕

照片4-1-1：1930年代的臺中市綠川

資料來源：林輝堂總編輯，《臺中市珍貴古老照片專輯·第四輯》（臺灣臺中：臺中市政府，2000年），頁156。

　　無論如何，明治28年至44年（1895～1911）的三年一小議五年一大改之後，臺中市核心區的發展大勢就此底定，以規模初具的現代化城市之姿，脫離了原來的清代府城計畫風貌，開始快速地發展，形塑出現今臺中市核心

〔註21〕張勝彥編纂，《臺中市史》，頁133。
〔註22〕張勝彥編纂，《臺中市史》，頁136。

區風貌。〔註23〕大正 9 年（1920）地方制度改制，發佈市制，建設大臺中市，將原市區擴大為 400 萬坪。規劃市區北方為學校用地，南邊為工業用地。昭和 11 年（1936）擴大市界，將邱厝子、賴厝廓劃歸市區，並擴大都市計畫，其計畫面積為 180.180 公頃，容納人口為 15 萬人。〔註24〕臺中市街的輪廓於大正時期趨於完備，進入昭和時代之後，臺灣總督府仍積極實施市區改正計畫，進行社會、文化、教育等公共設施的規劃。

回顧歷史發展，臺中市得以成為現今的樣貌，政府主導實為最關鍵的因素。為了完成鞏固臺灣中部基地的政治經濟目標，日人再興建設，實施市區改正，將沼澤野溪充斥之地改流填平，並配置了現代化都市設施和市內下水道系統，原來乏人問津的不毛之地成為令人耳目一新的棋盤化街廓。

除了臺中市以外，其他各大市街也有經過市區規劃。例如明治 35 年（1906）3 月 6 日，彰化市區開始實施市區改正計畫，計畫區域 34 公頃，全部施以馬路改正，其特色為將市街區以大西門街、北門街、南街、東門街等四條道路劃分成四個大街區，然後再於其中以棋盤直角正交馬路做計畫道路的分割，因此整個市區由四種不同方向的棋盤道路湊合而成。此後，彰化街的市區計畫還經昭和 11 年（1936）、昭和 12 年（1937）、昭和 13 年（1938）以及昭和 19 年（1944）前後五次的擴張計畫。〔註25〕爾後，由於人口顯著集中於都市，都市蓬勃發展。以往的市區改正計畫變的不充分，基本法規制定的不妥當，造成工程阻礙。於是臺灣總督府於昭和 9 年（1934）9 月設立「都市計畫法施行準備委員會」；昭和 11 年（1936）頒布〈臺灣都市計畫令〉。〔註26〕此令為了改良以及創設市街地而制定，至此，臺灣都市計畫更有組織與系統，都市的交通、衛生、保安、經濟等重要設施相關，施行於各都市計畫區域。〔註27〕由表 4-1-2 可以瞭解日治時期臺中州市街改正的情形。

〔註23〕林良哲、袁興言編，《臺中文獻第六期：臺中市歷史建築發展回顧》，頁 69。
〔註24〕溫振華，〈日據時期臺中市之都市化〉，《思與言》第 26 卷第 1 期（1988.05），頁 100。
〔註25〕賴志彰，〈日治時期彰化縣市街的近代化〉，《彰化文獻》第 7 卷（2006.08），頁 9。
〔註26〕〈臺灣都市計畫令〉於昭和 12 年（1937）4 月 1 日生效實行前，有關都市計畫之案件，稱為「市區計畫」、「市區改正計畫」。黃武達，《日治時代臺灣都市計畫歷程之建構（1895～1945）》（臺灣臺北：南天書局，2000 年），頁 78。
〔註27〕青島勝三著，〈都市計畫の概況及一般調查〉，收於臺灣總督府內務局編，《臺灣都市計畫講習錄》，頁 638～639。

表 4-1-2：昭和 12 年止（1937）臺中州市區改正計畫年表

明治 33 年	臺中市
明治 39 年	彰化市
明治 45 年	南投街
大正 3 年	埔里街
大正 6 年	竹山庄
昭和 9 年	大甲街
昭和 10 年	鹿港街＊內埔庄＊石岡庄＊豐原街＊神岡庄＊清水街＊梧棲街＊沙鹿庄
昭和 11 年	員林街

表格說明：打＊號之市街爲昭和 10 年（1935）中部地震受災災區，因而進行市區改正計畫。
資料來源：臺灣總督府內務局編，《臺灣都市計畫講習錄》（臺北州：編印者，昭和 12 年
　　　　　（1937）），頁 643～646。

　　昭和 10 年（1935），中部地區發生大地震，臺中州內受災嚴重的市街，在災後接受市區改正計畫而重建。透過市區改正與都市計畫的推行，臺中州各個主要都市的市容煥然一新。由照片 4-1-2 及照片 4-1-3 可以看出經過市區改正計畫後，臺中州市街的繁華與整潔。但是，由於市街的重新規劃，臺中

照片 4-1-2：昭和初期臺中州員林街

資料來源：篠原正巳，《臺中：日本統治時代の記録》（臺灣臺北：財團法人臺灣區域發展研
　　　　　究院臺灣文化研究所，1996 年），頁 372。

照片 4-1-3：日治時期臺中市新盛橋通

資料來源：篠原正巳，《臺中：日本統治時代の記録》，頁354。
補充說明：新盛橋通爲今中山路。

州舊有的城牆被拆除，傳統式的建築被新的牌樓立面取代。一個經過殖民者改造的都市，失去了它原本的樣貌，新式建築乘載了臺灣的歷史。

　　經過近代化市區計畫的臺中州，從一個衛生條件不佳，傳染病流行，令人聞之卻步的黑暗地帶，蛻變成街道寬廣整齊，衛生條件改善，令人心曠神怡的都市。市容的轉變對於觀光是有正面助益的，臺灣人抱著好奇的目光進城觀光，日本人則可安心地在整齊衛生的環境中遊覽。

二、近代化建築

　　日本於明治維新時不僅從西方學到各種政經法律制度，也學得一套新的都市建築觀念與手法，並且引以爲豪。當日本領有臺灣後，很快的就把他們習自西方，認爲是心目中理想的洋式建築移入臺灣。這些洋式建築與臺灣傳統建築相較，顯得雄偉嚴肅。臺灣總督府並利用這樣一種建築設計，塑造出政治上之權威感及建設上之現代感。因而，日治時期的臺灣各地，幾乎都可以見到建築設計採取西方式樣的各級政府公家機關，營造出殖民者權威的新氣象。

　　日治時期，臺中市的建築和都市景觀改變很大，由於都市計畫的實施，舊有城牆、城門被拆除，加上現代行政部門的設置，連帶地產生各種不同功能的新建築，建築風格因此有明顯轉變。在式樣上，出現西方的歷史式樣，

以及源自日本傳統的日本式樣；兩者之外，也增加了西方歷史式樣與本土傳統風格結合的造型。當時最重要的建築發展是開始於州廳相關的公共建築。爲了使新都市能更有效的運作，一些重要的公共設施，隨即被興築。依功能區分，可分成公共建築、商業建築、學校建築以及宗教建築。以臺中市爲例，明治 38 年至 43 年（1905～1910）是臺中市區建築發展的開始，在市區計畫初步底定後，有二類建築開始興工：(1)隨著市區改正工程的需求，產生了許多近代都市的新型都市設施建築，如公園、水源地及橋樑等等；(2)原本使用舊有清代建築的機構及學校，在用地確定後便開始興建日式建築。

明治 43 年至大正 18 年（1910～1929）的建築發展則形塑了往後臺中市的形貌，以明治 43 年（1910）新闢道路計畫完工爲背景，此時期代表著臺中市區建築開始快速發展，不論是官方的官署及機構或是民間的產業、街屋和宅院，都在此一時期進行大量的新建工作，構成了市區歷史建築的核心。在市區建築物逐漸落成之後，原本的清代官署建築群便快速地被近代的都市及建築風貌取代，車站、站前廣場、都市河川、綠地和整齊的騎樓街屋成爲新臺中的建築意象，這也是 1920 年以後臺中市開始被稱爲小京都的原因。〔註28〕

除了臺中市的建築物以外，彰化的彰化銀行在日期時期也是當地首屈一指的建築物。明治 40 年（1907）5 月 26 日，落成於今彰化市光復路與和平路路口現址的彰化銀行之總行行舍（當時稱爲彰化街土名北門第 345 番地），以紅磚爲主要建材、有著尖型塔立面，屬「維多利亞式」的建築風格。正門門楣鑲有彰化銀行的日文音譯 SHOKWA BANK。〔註29〕（照片 4-1-4）這些都市中的新式建築，往往是一個城市的地標，觀光客的造訪之處。

觀光客總期盼看到獨一無二的景象，如紐約的帝國大廈、巴黎艾菲爾鐵塔或是義大利比薩斜塔等。對照於 2009 年的現今，多數人至臺北總會前往臺北 101 大樓，一窺臺北地標的樣貌。同樣地，日治時期，臺中州主要市街的公共建築物也被記載於旅行介紹書中，可知其與風景名勝地皆爲觀光的一環，一個近代化建築的堂皇風貌也成爲觀光客凝視的對象。如臺中市的臺中州廳、臺中警察署、臺中市役所（照片 4-1-5）、臺灣銀行分行、彰化銀行、臺中醫院和臺灣師範學校等；彰化市的彰化市役所、彰化郡役所、公會堂、警察署和臺灣銀行分行等；南投郡的南投郡役所、明糖南投製糖所等。

〔註28〕林良哲、袁興言編，《臺中文獻第六期：臺中市歷史建築發展回顧》，頁 35。
〔註29〕康原編輯，《影像中的彰化》（臺灣彰化：彰化縣文化局，2000 年），頁 15。

照片 4-1-4：日治時期的彰化銀行

資料來源：篠原正巳，《臺中：日本統治時代の記錄》，頁 315。

照片 4-1-5：日治時期的臺中市役所

資料來源：篠原正巳，《臺中：日本統治時代の記錄》，頁 298。

三、公園綠地的規劃

都市計畫的內容和計畫事項甚多，以臺灣過去實行的計畫內容來看，其內容可分爲 11 種，分別是道路、廣場、運河（包括船蹓場）、鐵道、排水道、公園（包括綠地和公園道）、防風林、墓地、火葬場、學校及官公署用地。〔註30〕從昭和 11 年（1936）所頒布的〈臺灣都市計畫令〉，可知設置公園目的：（一）作爲衛生設施；（二）休養娛樂設施；（三）美化都市景觀；（四）災變之際的避難場所；（五）促進都市發達；（六）可作爲教化機關；（七）成爲市民集合的場所。〔註31〕基於上述原因，公園的規劃爲市區改正的實施項目之一。

日治時期，臺中州規劃了許多公園與綠地，一方面提供市民休閒育樂的公共場所；另一方面綠化城市、改善都市景觀。透過公園這個都市文明產物的象徵，顯示日人統治所帶來的進步。臺中州的臺中市就規劃有兩座公園，爲一號公園（今體育場）與臺中公園（今中山公園）；彰化街也設有彰化公園。其中以臺中公園占地最廣，最具有代表性。明治 42 年（1909），著名的人類學家伊能嘉矩至臺灣旅行的時候，搭乘甫開通的縱貫鐵路南下，途中夜宿臺中一宿。當時，就曾經到臺中公園遊覽水石奇勝，並對公園的陳設留下簡單的文字記錄。〔註32〕

臺中公園爲日治時期臺中市市區改正時所規劃，原位於城中央，明治 36 年（1903）遷於現址。臺中公園在臺中地方士紳的集會下決議籌建，除了由霧峰林家捐出名爲「瑞軒」之私有花園爲建地外，並結合舊城北門樓以及原大墩街東北端的砲臺山（東大墩孤丘）爲建地，其建築經費全由當地官民捐獻，並於明治 36 年（1903）10 月 28 日興建完成並舉行開園式，面積有 2 萬 6 千多坪，其中水池約 4 千 1 百多坪，爲利用原有池塘及沼澤改建。建園當時，同時將臺中北門城樓「明遠樓」移建於公園內。

〔註30〕早川透，〈都市計畫の理論と實際〉，收於臺灣總督府內務局編，《臺灣都市計畫講習錄》，頁 356～357。

〔註31〕早川透，〈都市計畫の理論と實際〉，收於臺灣總督府內務局編，《臺灣都市計畫講習錄》，頁 324。

〔註32〕書中記載到臺中公園的相關敘述：「下午三點，到臺中公園欣賞水石奇勝，公園的規模很大，大概是臺灣最大的一個。公園中央有的小丘，是古時候的墩臺遺址，上面立著故兒玉總督的銅像，通到公園的一條街叫做東大墩街……」伊能嘉矩著、楊南郡譯，《臺灣踏查日記（下）》（臺北市：遠流出版社，1996 年），頁 568。

　　臺中公園最著名的池亭一景（今湖心亭）是明治 41 年（1908）臺灣縱貫
鐵路全線通車時所建。該年 10 月 24 日於臺中公園內舉行全線通車典禮，為
因應日本皇族閑院宮載仁的到訪，臺中公園進行了部分的整建工作。其中，
原來位於島上之小涼亭被拆除，新建了一座休憩所，也就是池亭。在通車典
禮之後，大多數的臨時建築均被拆除，由於池亭具有地標性之意義，因而被
加以保存。此亭為鐵路通車典禮之相關工程，由臺灣總督府營繕單位負責，
設計者應為臺灣總督府之技師，不過相關資料並未記載何人，亦有學者推測
可能為福田東吾之作。〔註33〕臺中公園的名聲日漲，其規模在日治時期冠居
全臺，成為臺中市的地標，成為著名的觀光地。大正 4 年（1915）時人的遊
記中，曾寫到：「臺中市必須一覽的風景只有臺中公園。」〔註34〕由此可知，
臺中公園之盛名。

照片 4-1-6：明治 41 年（1908）臺中公園池亭

資料來源：林輝堂總編輯，《臺中市珍貴古老照片專輯・第四輯》，頁 262。

　　昭和 6 年（1931）臺中州告示第 395 號規定了臺中街區的公園綠地，將
柳川、綠川一線，遍植垂柳，使臺中市更添一處綠地。次年臺中州告示第 50
號，計畫在臺中公園東北方向之水源處，開關佔地近 150 坪的水源地公園，

〔註33〕傅朝卿撰文，《臺灣建築摩登化的故事：走過一個半世紀的臺灣近現代建築脈
　　　　絡》（臺北市：行政院文化建設委員會，2006 年），頁 14。
〔註34〕白尾歌波，〈臺中の四日間〉，《臺灣鐵道》第 37 號（1915.07），頁 97。

內有游泳池、臺中體育場，為臺中市民休閒健身之所。〔註 35〕昭和 12 年
（1937）7 月，臺中州投入 2 萬 2 千圓的經費，於臺中公園內建設遊樂園，以
兒童館為中心，設置許多兒童遊樂器材，吸引更多人前來休憩觀光。〔註 36〕

照片 4-1-7：昭和 12 年（1937）的臺中公園

資料來源：http://library.taiwanschoolnet.org/cyberfair2003/C0335400016/
homepage.htm（2009/03/01）

照片 4-1-8：日治時期臺中公園內的兒童館

資料來源：臺中州教育課，《臺中州社會事業要覽》（臺中州：編印者，昭和 15 年
（1940）），頁 1。

〔註 35〕張勝彥編纂，《臺中市史》，頁 139。
〔註 36〕臺中州教育課，《臺中州社會事業要覽》（臺中州：編印者，昭和 15 年（1940）），
頁 95～96。

　　除了著名的臺中公園外，彰化公園也在明治 35 年（1902）建立。當時，彰化街的熱心人士在建設北白川宮能久紀念碑的同時，計畫在八卦山下設置公園，作為一個官民可以同樂的場所。據《臺灣日日新報》記載，彰化公園設立處，樹木繁盛、富有天然的景緻、空氣清新、飲用水質佳，作為公園用地最為合適。在居民的衛生上，尤其是精神衛生層面有莫大的效用。〔註 37〕由表 4-1-3 可得知臺中州的都市公園數量及詳細資料。

表 4-1-3：日治時期臺中州都市公園數量統計表

開　園　時　間	公園名稱	面積 / 100m^2	建設費 / 圓	所在地
明治 35 年 10 月（1902）	臺中公園	864	---	臺中市
明治 37 年 4 月（1904）	彰化公園	1,166	---	彰化街
大正元年（1912）	南投公園	357		南投街
大正 4 年 11 月（1915）	草屯公園	322	4,130	草屯街
昭和 7 年 4 月（1932）	臺中水源地公園	495	60,220	臺中市

資料來源：黃世孟等，《日據時期臺灣都市計劃範型之研究》（臺北市：國立臺灣大學土木工程學研究所都市計劃研究室，1987 年），頁 17。

補充說明：---代表無資料。

　　由於都市觀光帶有教化和展示的功能，所以臺灣總督府歷年多編列預算，責成相關單位安排部落原住民至日本或是臺灣各城市觀光。其目的無非是想展現殖民統治的現代化設施成果，以收教化之效。至明治末年，由於臺北為中樞所在，近代化建設亦多，故島內觀光多以臺北為主。日人招待地方領袖到臺北觀光並不限於漢人的上層階級，而廣及原住民部落頭目，招待原住民到臺北參觀。以南澳的泰雅族人為例，許多原住民不但是第一次進城，也是第一次見到輪船、火車等，整個旅程充滿新鮮、好奇的樂趣。〔註 38〕大正初年起，由於經費限制，路途遠近與臺灣各大城市近代設施亦漸為齊備，原住民所屬州廳之市街已漸取代原有臺北獨尊之選擇。〔註 39〕明治 39 年

〔註37〕〈彰化公園地の設置〉，《臺灣日日新報》，明治 35 年（1902）10 月 12 日，第 2 版。

〔註38〕洪敏麟，〈綜觀臺灣山地社會結構與文化演變之軌跡〉，《臺灣文獻》第 22 卷第 3 期（1971.09），頁 48。

〔註39〕鄭政誠，《認識他者的天空：日治時期臺灣原住民的觀光行旅》（臺灣臺北：博揚文化出版社，2005 年），頁 130。

（1906），東勢角支廳管內阿冷番社頭目一行人首次離開番地，至臺中觀光。此行人對於臺中市內許多近代化設施如汽車、留聲機等裝置，覺得不可思議；見到雄偉的臺中俱樂部，更感到驚訝萬分。〔註40〕

另外，當時的官方史料中，總是將著名市街與名勝古蹟等觀光地一同編輯。此編排方式也反映當時市街作爲觀光地爲一般遊客參觀遊覽的傾向。從旅遊書的介紹可知當時臺中州下的主要市街除了臺中市以外，尚有彰化市、鹿港街、豐原街、清水街、大甲街、員林街、南投街、埔里街等處，可做爲觀光景點。

第二節　人文觀光資源的保存與規劃

由於市區改正計劃的進行，臺中州的都市休憩空間漸漸形成。與此同時，臺中州內有許多人文觀光資源被保存規劃。所謂人文觀光資源，係指人爲的努力在景物上所造成的文化、經濟、政治、社會、科學活動等，而合乎觀光需求者，包括動態、靜態、所表現的諸現象。〔註41〕依據此標準，日治時期的臺中州具有的人文觀光資源，分別是歷史文物古蹟；各種建築，包括著名建築物及其他庭園佈置等；宗教廟宇；休閒娛樂設施；學術、文藝等各式相關展覽；產業觀光。

一、宗教廟宇與文物古蹟

關於史跡名勝的保存與發揚，作爲殖民地的臺灣也跟隨日本國內的腳步，大正13年（1924）由理科學者所組成的臺灣博物學會向臺灣總督府提呈〈臺灣史跡名勝天然紀念物保存之建議書〉，至昭和5年（1930），日本的〈史跡名勝天然紀念物保存法〉已在臺灣實施。〔註42〕此舉乃開臺灣文化古蹟保

〔註40〕〈蕃人の臺中觀光〉，《臺灣日日新報》，明治39年（1906）6月10日，第2版。

〔註41〕張軍堂，《臺灣觀光資源開發之研究》（臺北市：幼獅文化事業公司，1984年），頁11。

〔註42〕大正8年（1919）4月10日頒布法律第44號〈史跡名勝古蹟天然紀念物保存法〉；昭和5年（1930）9月21日府令第35號〈史跡名勝天然紀念物保存法施行規則〉；昭和5年（1930）9月21日訓令第37號，〈史跡名勝天然紀念物保存法取及規程〉。至1945年終戰爲止，臺灣總督府計分三次於1933、1935和1941年公告國指定之史蹟29項、天然紀念物19項來立法加以保護。吳永華，《台灣歷史紀念物：日治時期台灣史蹟名勝與天然紀念物的故事》（臺北市：晨星出版公司，2000年），頁10。

護及自然生態保育之先河。

　　法令中，明確規定史跡紀念物的保護與管理方法，知事或廳長備妥申請的相關文件始可向臺灣總督申請該地核准通過成爲國家指定之史跡與天然紀念物；明定所有者與管理者爲保存史跡必可於指定物的周圍圍起柵欄或是覆蓋遮蔽物；經由地方知事或廳長的許可，負責管理的公共團體可向參觀者徵收觀覽費用以負擔管理費用等相關規定。〔註43〕至昭和6年（1931）臺中州被記錄於史跡名勝天然紀念物調查資料的史跡有44處、名勝10處和天然紀念物3項。〔註44〕

表4-2-1：臺中州史跡名勝天然紀念物調查表

史　　跡	1.砲臺山（臺中市新高町臺中公園内）；2.北門樓（臺中市新高町臺中公園内）；3.湧泉閣（臺中市新高町）；4.殉難警察官之碑（豐原郡）；5.相川末男氏遭難紀念碑（東勢郡）；6.表忠碑（東勢郡）；7.民番地界之碑（東勢郡）；8.小西成章氏之碑（東勢郡）；9.北白川宮遺跡（大甲郡）；10.貞節坊（大甲郡）；11.磺溪書院（大甲郡）；12.北白川宮殿下遺跡（大甲郡）；13.北白川宮殿下偵查紀念碑（大甲郡）；14.彰化孔子廟（彰化郡）；15.北白川宮能久親王彰化遺跡地（彰化郡）；16.南瑤宮（彰化郡）；17.鹿港文武廟（彰化郡）；18.鹿港龍山寺（彰化郡）；19.紀念碑（員林郡）；20.法波朗（Favaloug）遺跡（員林郡）；21.石鵝（員林郡）；22.坡心庄忠義廟（員林郡）；23.忠義烈士墓（員林郡）；24.北白川宮能久親王遺跡地（員林郡）；25.清水岩寺（員林郡）；26.警察戰死之跡（員林郡）；27.林先生廟（員林郡）；28.忠魂碑（北斗郡）；29.配天宮廟（南投郡）；30.藍田書院（南投郡）；31.永濟義渡碑記（南投郡）；32.登瀛院（文昌碑）；33.雲林城址（竹山郡）；34.林圯公墓（竹山郡）；35.開漳聖王廟（竹山郡）；36.甘泉井（竹山郡）；37.萬年亨衢巨石（竹山郡）；38.德遍山陬之碑（竹山郡）；39.鳳凰之眼（竹山郡）；40.女傑傅氏之碑（竹山郡）；41.林爽文古戰場（竹山郡）；42.化及蠻貊之碑（新高郡）；43.南無阿彌陀佛碑（新高郡）；44.開關光之碑（新高郡）
名　　勝	1.后里梅林（豐原郡）；2.大安溪杜鵑花（豐原郡）；3.龍目井（大甲郡）；4.虎山巖（彰化郡）；5.寶藏寺（彰化郡）；6.南投公園（南投郡）；7.碧山巖寺（南投郡）；8.松柏坑受天宮（南投郡）；9.火炎山（南投郡）；10.日月潭（新高郡）
天　　然紀念物	1.國姓井（大甲郡）；2.神木（臺中市東勢子）；3.神木（臺中市後龍子）

資料來源：臺灣總督府内務局編，《史跡名勝天然紀念物調查資料》（臺北州：編印者，昭和6年（1931）），頁47～76、153～159、204～205。

補充說明：括弧内文字爲所在地郡名。

〔註43〕臺灣總督府内務局土木課，《市區計畫關係例規集》（臺北州：編印者，昭和9年（1934）），頁176～179。

〔註44〕數據來自臺灣總督府内務局編，《史跡名勝天然紀念物調查資料》（臺北州：編印者，昭和6年（1931））。

除了《史跡名勝天然紀念物調查資料》所刊載的資料外，常被記載於觀光介紹書中的宗教廟宇與文物古蹟主要有：

（一）林先生廟

林先生廟位於鼻子頭，距離日治時期員林郡二水車站約一公里多。（約今二水鄉員集路旁）。據說清康熙 58 年（1719）墾戶施長齡引水灌漑土地，用盡各種方法都無法將濁水溪水引進圳道，後來巧遇一位自稱林先生的老翁教授疏鑿之法，圳道開通，後人爲紀念林先生，因而興築此廟。〔註45〕

（二）天后宮

天后宮位於日治時期彰化郡鹿港街。昔時因航海術不發達，移民均視臺灣海峽爲畏途，爲保佑渡海平安，幾乎每艘船上都安有媽祖的神像。泉州七邑人與漳州人也創建天后宮。天后宮初時規模很小，清雍正 3 年（1725），由福建水師提督靖海侯施琅之族侄施世榜獻地，鹿港民眾踴躍捐獻，擴大規模重建，面對大海與湄洲媽祖廟遙遙相對。〔註46〕

照片 4-2-1：日治時期鹿港天后宮

資料來源：http://www.lugangmazu.org/menu2/history.aspx（2009/02/28）

〔註45〕 臺中州，《臺中州要覽》（臺中州：編印者，昭和 9 年（1934）），頁 189。
〔註46〕 卓神保，《鹿港寺廟大全》（臺灣彰化：財團法人鹿港文教基金會，1984 年），頁 12。

（三）龍山寺

龍山寺位於日治時期彰化郡鹿港街。乾隆年間由都問府陳邦光發起，廣募錢財，遠從法國運來石材建造而成，是臺灣首屈一指的名剎。原爲中國泉州臨濟宗的巨剎開元寺的末宗，明治 31 年（1898）起成爲眞宗本願寺的佈教場所。〔註47〕

照片 4-2-2：日治時期鹿港龍山寺

資料來源：康原編輯，《影像中的彰化》（臺灣彰化：彰化縣文化局，2000 年），頁 50。

（四）文開書院

文開書院位於日治時期彰化郡鹿港街。往時由於藏書 30 萬冊，有臺灣第一書庫之名。但是，明治 28 年（1895）土匪蜂起之際，藏書大多付之一炬，今日只徒留其名。〔註48〕其沿革爲清道光 4 年（1824）初，鹿港紳士舉人林廷璋、貢生陳英世等以士子肄業無所，應課甚費周章爲由，而呈請勸捐建立書院。同年 4 月，臺灣北路理番兼鹿港海防同知鄧傳安，據請批准捐建，並擬定書院名稱曰：「文開」，以彰顯明末遺臣沈光文字文開，肇始臺灣文教之公德。〔註49〕

〔註47〕臺中州，《臺中州概觀》（臺中州：編印者，昭和 19 年（1944）），頁 128。
〔註48〕臺中州，《臺中州要覽》（臺中州：編印者，昭和 9 年（1934）），頁 187。
〔註49〕黃秀政總主持、施添福主持，《鹿港鎮志：地理篇》（臺灣彰化：彰化縣鹿港鎮公所，2000 年），頁 185。

照片 4-2-3：日治時期鹿港文開書院、文廟及武廟側景

資料來源：康原編輯，《影像中的彰化》，頁 51。

（五）南瑤宮

　　南瑤宮距離日治時期彰化車站約兩公里的南郭。〔註 50〕南瑤宮的主祀神爲媽祖。最初的香火，據傳是清雍正年間，有一窯工楊謙自笨港攜來。楊謙回去後，將香火遺留在工寮內，每入夜頻見五彩毫光，附近居民感其靈驗，遂集資雕塑天上聖母神像，本殿至乾隆 3 年（1738）始告完成，初名爲「媽祖廟」，同年 11 月正式定名爲南瑤宮。南瑤宮主體建築承襲臺灣傳統廟宇依中線軸發展的方式，使整座廟宇相當典雅有致，和諧有序。〔註51〕

（六）彰化孔子廟

　　彰化孔子廟位於日治時期距離彰化車站 400 公尺的東門內。清雍正 4 年（1726），由知縣張鎬主其事所建而成。孔廟中央爲大成殿，東西兩廡。爾後，經歷代知縣修築增建，乾隆 24 年（1759）知縣張世珍設立白沙書院。廟宇宏壯，爲往時中部第一建築。〔註52〕

〔註50〕臺中州，《臺中州要覽》（臺中州：編印者，昭和 9 年（1934）），頁 186。
〔註51〕國立彰化師範大學地理學系編，《彰化南瑤宮志》（臺灣彰化：彰化市公所，1997 年），頁 1。
〔註52〕臺中州，《臺中州要覽》（臺中州：編印者，昭和 9 年（1934）），頁 186。

（七）清水巖

清水巖距離日治時期員林郡社頭車站約 4 公里多的八卦山脈的山麓地帶。據傳乾隆初年，地方人士募款而建，安置三寶佛及十八羅漢，由於靈驗而遠近馳名。此地顧木蓊鬱，白晝如夜，背山面水。天氣晴朗，則可遙望鹿港的海岸，爲一風光開闊的靈地。〔註 53〕

（八）臺中神社

臺中神社位於臺中公園內，祀奉大國魂命、大己貴命、小彥名命三座神祇，並供奉北白川宮能久。明治 45 年（1912）5 月開工，於大正元年（1912）10 月舉行鎮座式，大正 2 年（1913）列入縣社。〔註54〕

二、休閒娛樂設施

觀察日治時期的旅遊宣傳手冊，如昭和 15 年（1940）的《臺灣鐵道旅行案內》，不難發現除了景點介紹外，還會附上當地的休閒娛樂設施，諸如游泳池、劇場、電影院和高爾夫球場等。由此可知，這些休閒娛樂設施，也被納入觀光景點的一環。如臺中州著名的大肚山高爾夫球場，位於大肚山上，占地 7.5 萬坪，爲中部唯一的高爾夫球場。從臺中出發，約 20 分鐘車程可以到達。〔註 55〕但是，當時臺灣人從事高爾夫運動者極少，以社會上的資產階級爲多。平民的休閒娛樂多爲游泳，如臺中市營游泳池，此游泳池位於臺中市水源地的路口。設有長方形泳池及圓形的兒童池。昭和 3 年（1928）落成，耗費 3 萬 1,000 圓。每年 5 月到 9 月開放，開放期間會舉辦游泳講習會。〔註56〕

另外，日治時期，登上休閒娛樂舞臺的是電影欣賞，明治 34 年（1901）11 月，第一家放映電影的臨時小屋搭建於當時臺北的新生戲院（今新聲戲院）前庭，揭開了臺灣電影史的序幕。由於電影欣賞牽涉到經濟和語文解讀能力，所以觀眾非常少。直到明治 41 年（1908）以後，臺灣最早專門放映電影的戲院芳乃館、世界館相繼興建，臺北的電影界才開始活躍起來，放映的成績也相當好。大正 12 年（1923）以後，芳乃館與世界館先後取得日本本土電影在

〔註53〕臺中州，《臺中州要覽》（臺中州：編印者，昭和 9 年（1934）），頁 190。
〔註54〕臺中州，《臺中州概觀》（臺中州：編印者，昭和 10 年（1935）），頁 108。
〔註55〕陳石煌編，《樂園臺灣の姿》（臺北州：麗島出版部，昭和 11 年（1936）），頁 121。
〔註56〕陳石煌編，《樂園臺灣の姿》，頁 119～120。

臺灣全島的發行權而進一步展開發行業務，使得臺灣的電影事業進入了一個全新的時期。當時全臺主要都市，皆興建戲院，至昭和 16 年（1941）時，臺灣的電影院共有 48 家。以地區來分，臺北市有 16 家，基隆 5 家，臺中市、臺南市、高雄市各有 4 家。嘉義市與新竹市則各有 3 家。〔註57〕

照片 4-2-4：日治時期臺中市營游泳池

資料來源：篠原正巳，《臺中：日本統治時代の記録》，頁 312。

臺中州方面，從明治 35 年（1902）開始，「臺中座」首先設立，之後又有「高砂演藝館」成立，隨後被「臺中座」所合併。到了大正 8 年（1919），由臺灣人所出資的「樂舞臺」也開幕。昭和 6 年（1931）更有專門放映電影的「娛樂館」設立。緊接著，昭和 10 年（1935），有天外天劇場的成立。〔註58〕其中，「娛樂館」於昭和 6 年（1931）12 月 28 日竣工，內有電燈 181盞、電扇 18 副、排風機 2 台、電動發動機 1 台、小型馬達 2 台，是臺灣電影史上最具近代建築藝術的劇場。〔註59〕娛樂館前有廣場、有圍牆，兩旁有大型廣告欄張貼電影明星照片、本事（電影廣告及故事大綱）及節目等。正門外觀，莊嚴典雅，售票口三處，進出口兩處，外架有花草對稱的裝飾，後呈

〔註57〕張勝彥編纂，《臺中市史》，頁 218。
〔註58〕陳永豐編輯，《臺中電影傳奇》（臺灣臺中：臺中市政府，2004 年），頁 35。
〔註59〕葉龍彥，《日治時期臺灣電影史》（臺北市：玉山社出版社，1998 年），頁 216。

立體設計，有立式的線條，中有六條、旁各有六長條，彼此對稱而聳立，窗戶亦呈長方形，相當具有現代感，上下兩側各有兩盞暈燈，極富浪漫氣息。〔註60〕類似這樣的歐式豪華劇場在臺灣各大都市都有興建，提供社會經濟狀況較佳的中產階級一個新的娛樂場所。居住於霧峰的林獻堂也常至臺中市內的「娛樂館」觀看電影做為日常生活的休閒娛樂。

照片 4-2-5：臺中州娛樂館

資料來源：篠原正巳，《臺中：日本統治時代的記錄》，頁363。

三、學術、文藝等各式相關展覽

　　日治時期的臺灣很早就有展覽活動的舉辦，明治31年（1898）日本治臺第4年，舉行「日本物產展覽會」，短短5天就創下6,664人次參觀的紀錄。爾後，隨著舉辦經驗的累積，才有了大規模的博覽會活動。經由展覽觀念的帶動，促使了展覽空間陳設於臺灣社會。如明治32年（1899）於臺北城內南門街興建的「臺灣總督府民政部商品陳列館」可稱得上是最早的展覽館，主要陳列物為臺灣及日本各地的物產。但後來展示空間不敷使用，大正6年（1917）臺灣總督府便於臺北苗圃（今臺北市植物園）內另外成立商品陳列

〔註60〕葉龍彥，《日治時期臺灣電影史》，頁217～218。

館（今國立歷史博物館現址），以擴大運用功能。〔註61〕

　　臺中州方面，臺中博物館原於臺中停車場（臺中火車站舊名）附近，屋宇簡陋，所以無法達其作爲博物館的目的。明治 41 年（1908）臺中公園舉行全島縱貫路全線通車典禮時，此博物館才從原址移至臺中公園，共花費 2 萬 1 千圓的經費，新築占地百餘坪的壯麗屋宇，除了常設展覽以外，也會不定期舉辦藝文相關展覽。還是舊館的時候，參觀者平均每日 40、50 人左右，且多爲苦力農夫；館址移至臺中公園後，大多是中上階層的人前來參觀。明治 42 年（1909）1 月，每日的平均入館人次爲 300 人，2 月則爲 196 人，已達到作爲一個博物館的目的。明治 42 年（1909），該館的陳列品如表 4-2-2 所示，共計 3,409 樣物品，總價值約爲 7,492 圓餘。〔註62〕但是，展出的物品多爲日本的產物，和臺灣相關的物品則較少。

表 4-2-2：明治 42 年（1909）臺中博物館展覽物件統計表

種　　類	日本產數量	臺灣產數量	外國產數量
絹布類	423	0	0
水綿淚	138	5	0
麻布其他織物類	122	8	0
金屬物	248	3	0
漆器	320	0	0
陶器	269	0	0
木竹細工	83	0	0
雜貨	0	0	96
玻璃類	133	0	0
農產物	108	40	0
水產物	18	18	0
果實蔬菜模型	220	0	0
雜品	861	117	0

資料來源：〈臺中博物館〉，《臺灣日日新報》，明治 42 年（1909）3 月 19 日，第 2 版。

〔註61〕 程佳惠，《臺灣史上第一大博覽會：1935 年魅力臺灣 show》（臺北市：遠流出版社，2004 年），頁 18。
〔註62〕 〈臺中博物館〉，《臺灣日日新報》，明治 42 年（1909）3 月 19 日，第 2 版。

臺中博物館以外，臺灣總督府在明治 35 年（1902）成立「臺中州立物產陳列館」後，相繼在大正 4 年（1915）成立「新竹州商品陳列館」、大正 8 年（1919）成立「南投郡物產陳列館」。臺中州於大正 12 年（1923），為紀念日本皇太子至臺灣巡行，臺中州的官民募金 3 萬 6 百圓及州補助金 2 萬圓設立「行啓紀念館」，於大正 15 年（1926）完工。此館為財團法人組織，館內設有教育博物館與物產陳列館，陳列和教育、產業相關的物品。〔註63〕

各式博覽會和陳列館的開辦與設立，一時之間成為一股熱潮，在太平洋戰爭爆發後，物品的展出也肩負有宣揚教化的使命。這是由於臺灣總督府期望透過博覽會或展覽會將臺灣的產業經濟文化介紹至外地，使他人認識到臺灣的重要性。在臺灣總督府殖產局商政課的規劃下，臺灣各地的商品陳列館展出的內容包括了臺灣及南洋的生產品、相關產業的圖書資訊，以及各種商品的研究調查成果。〔註64〕

除了官方的陳列館，地方上也有臺灣仕紳籌畫的各式展覽。昭和 8 年（1933），霧峰林家為慶祝「一新會」成立一週年，於一新會館舉辦書畫、手藝展覽會，夜間於館內撥放電影。據林獻堂的日記所述：「來觀書畫、手藝展覽會者絡繹不絕，人造花幾全部賣盡……七時半在大花廳開映活動寫真（指電影）二齣……，觀眾千餘人，十一時方演畢。」〔註65〕從日記中雖無法得知這些人潮是從何處而來，但可以確定展覽或電影的播放，在日治時期都有聚集人潮的效用。

四、產業觀光

產業觀光的內容，即參觀日人所經營的各式工廠，觀摩其運作方式。如製麻工廠、製糖會社、青果檢查所等。從當時的旅遊介紹書，如《臺灣鐵道旅行案內》、《旅と運輸》等，不難發現臺中州的許多近代化產業設施也被排入行程規劃，如表 4-2-3 所示。日治初期，臺灣總督府對臺灣仕紳階級的攏絡政策，有一大部分是透過觀光旅遊手段達成。由於觀光帶有教化的目的，可用來宣揚國威、表彰治績。因此，臺灣總督府安排臺灣人民至日本內地或是

〔註63〕陳石煌編，《樂園臺湾の姿》，頁 118。

〔註64〕臺灣總督府編，《臺灣總督府事物成績提要 95》（臺北市：成文出版社，1985年；原刊於昭和 19 年（1944）），頁 435。

〔註65〕林獻堂著，許雪姬、鍾淑敏註解，《灌園先生日記（六）一九三三年》（臺北市：中央研究院臺灣史研究所籌備處、近代史研究所，2003 年），頁 113。

臺灣本島進行都市觀光，而產業觀光即是其中的一環，可展示殖民者統治成果。除了官方主導的產業觀光以外，霧峰林家所創立的地方性組織「一新會」，也曾規劃產業觀光的相關活動，率地方民眾至製麻所、金紙工廠、營林所等產業機構參觀。〔註 66〕由地方菁英所領導的產業觀光，其目的不外乎是增廣見聞、開發民智。從此點也可知，在當時的社會背景下，臺灣的社會領導階層一方面率領民眾抵抗殖民統治者的經濟剝削；另一方面，又不得不學習近代化產業設施的經營模式，認同於文明。

表 4-2-3：昭和 10 年（1935）臺中州產業觀光景點統計表

后里站	發電所、蔗苗養成所、大日本製糖月眉製糖所
臺中站	青果物檢查所、水源地、帝國製糖株式會社
烏日站	日糖烏日製糖所、日石烏日油槽所
彰化站	大日本製糖會社彰化製糖所
員林站	明糖溪湖製糖所
田中站	鹽糖溪洲製糖所、三五公司源成農場
二水站	增澤園邸
隘寮站	星製藥株式會社南投農場
外車埕站	日月潭發電所
沙鹿站	昭和製糖沙鹿製糖所

資料來源：小川嘉一編纂，《臺灣鐵道旅行案內》（臺北州：臺灣總督府鐵道部交通局內日本旅行協會臺灣分部，昭和 10 年（1935）），頁 76～86。

第三節　自然觀光資源的開發

所謂自然資源，舉凡山岳、森林、草原、河流、湖潭、海濱、溫泉、雲海、日出、彩霞、星象，及野生動物等均屬之。〔註 67〕日治時期，臺中州境內，富含的許多自然觀光資源陸續被開發。依據昭和 10 年版（1935）《臺中州概觀》的記載，可知臺中州下主要有以下自然觀光資源：明治溫泉、后里庄梅林、八仙山、鐵砧山、次高山、新高山、日月潭、新高山、東埔溫泉、

〔註 66〕林獻堂著，許雪姬、鍾淑敏註解，《灌園先生日記（六）一九三三年》，頁 62。
〔註 67〕張軍堂，《臺灣觀光資源開發之研究》，頁 11。

大安港海水浴場、彰化溫泉公共浴場。〔註68〕

（一）明治溫泉與彰化溫泉公共浴場

　　明治溫泉位於臺中州東勢郡大甲溪的上游，距離豐原車站東邊約 48 公里，被八仙山美麗的景致環繞。由於交通不便而不爲人知，直到明治 40 年（1907）才被當時山地派出所的警官發現。昭和 2 年（1927），各項設施整修完畢，成爲臺中州著名的觀光景點。《臺灣日日新報》中刊載的文章甚至以「隱藏在仙境中的溫泉」形容明治溫泉。〔註69〕明治溫泉的泉水溫度 58 度，對於風濕、泌尿、皮膚病、婦女病等疾病有顯著的療效。境內有臺中州所經營的公共浴場，可收容 60 人，並兼營住宿服務，價位分別是 2 圓至 2 圓 50 錢。〔註70〕

照片 4-3-1：日治時期明治溫泉

資料來源：臺中州，《臺中州要覽》（臺中州：編印者，昭和 6 年（1931）），頁 27〜1。

　　彰化溫泉公共浴場（以下簡稱彰化溫泉）於昭和 8 年（1933）9 月設立，屬當時「臺中州營社會事業施設」。地處八卦山上，從彰化車站徒步 15

〔註68〕臺中州，《臺中州要覽》（臺中州：編印者，昭和 8 年（1933）），頁 173〜186。
〔註69〕〈仙境に埋る明治溫泉現る〉，《臺灣日日新報》，昭和 3 年（1928）3 月 2 日，第 9 版。
〔註70〕陳石煌編，《樂園臺灣の姿》，頁 210。

分鐘即可到達，據說此溫泉之水質對於胃腸病、皮膚病及神經痛具有相當療效。

　　臺中州廳方面爲求衛生思想的涵養普及，認爲以臺灣人爲對象在州內設置公共浴場是有必要。從大正 11 年（1922）以來提撥州費補助相關建築費，設置溫泉浴場。在獎勵之下，昭和 13 年度（1938）臺中州下共有 12 所公共浴場，其中包含具有觀光性質的明治溫泉和彰化溫泉。由表 4-3-1、表 4-3-2 和表 4-3-3 的資料可以比較彰化溫泉與明治溫泉之差異。

　　由於彰化溫泉位處市區附近的八卦山上，交通方便，所以入浴人次年以萬計。反之，明治溫泉位於偏僻的深山中，不易前往，入浴人次不多，一年頂多千人左右；從臺人和日人的入浴人數觀察，得知男女比例懸殊。由此數據，也可以解釋當時社會的觀光風氣，出遠門觀光旅遊爲男性居多，且大部份的觀光客還是以日本人爲主。

表 4-3-1：明治溫泉與彰化溫泉資料表

	明治溫泉公共浴場	彰化溫泉公共浴場
設立時間	昭和 6 年 4 月	昭和 8 年 10 月
管 理 者	臺中州	彰化市
入場費用	大人 10 錢、小孩 5 錢	大人 20 錢、小孩 10 錢
位　　置	位於東勢郡番地	位於彰化市八卦山

資料來源：臺中州教育課，《臺中州社會事業要覽》（臺中州：編印者，昭和 15 年（1940）），頁 71～72。

表 4-3-2：昭和 9 年至 13 年（1934～1938）彰化溫泉入場人次調查

	大人（人）	小孩（人）	總計（人）
昭和 9 年	23,951	5,336	29,287
昭和 10 年	27,114	5,071	32,185
昭和 11 年	31,769	5,656	37,425
昭和 12 年	24,904	4,443	29,347
昭和 13 年	22,790	3,688	26,478

資料來源：臺中州教育課，《臺中州社會事業要覽》，頁 72。

表 4-3-3：昭和 9 年至 14 年（1934～1939）明治溫泉入場人次調查

	日　本　人		臺　灣　人		外　國　人		合　　計		總　計
	男	女	男	女	男	女	男	女	
昭和 9 年	919	55	338	46	10	5	1,217	116	1,333
昭和 10 年	754	96	481	7	0	0	1,235	103	1,338
昭和 11 年	1,010	105	247	19	4	6	1,261	130	1,391
昭和 12 年	950	142	125	36	0	0	1,075	178	1,253
昭和 13 年	1,136	74	481	42	10	10	1,627	126	1,753
昭和 14 年	735	85	373	25	0	0	1,108	110	1,218

資料來源：臺中州教育課，《臺中州社會事業要覽》，頁 72。

（二）日月潭

　　日月潭位於日治時期新高郡魚池庄，自古以來即負盛名，為臺灣八景之一。其海拔 745.3 公尺，周長約 24 公里，是臺灣第一大湖。以小島珠子山（今光華島）為界，南邊稱為月潭，北邊稱為日潭。湖水四周環繞蓊鬱的山林，有水社大山、巒大山、治茆山。昭和 9 年（1934）臺灣電力會社興建發電廠，日月潭成為蓄水池，水位提高 18 公尺，湖景變化，更添風采。〔註71〕當時為了興建電廠所修築的道路，使日月潭一帶的交通大為便捷，連帶促成了日月潭觀光的蓬勃以及鄰近地區的發展。

（三）后里庄梅林

　　后里庄梅林位於豐原郡后里車站內。該地梅樹甚多，1 月上旬花滿開。〔註72〕

（四）八仙山

　　八仙山位於臺中州東勢郡山地，海拔約 2,424 公尺。其山麓地帶為亞熱帶林，山頂則為溫帶原始林。八仙山約有 1 萬 2,000 町的面積被規劃為官行伐林事業地，林地資源包含了櫧類、柯類、楠類，加上其他有用闊葉樹共 580 萬石。除此之外，還有扁柏、紅檜、栂、高嶺五葉、高山赤松等針葉樹約 370 萬石，兩者共計 950 萬石。其中扁柏、紅檜為直幹優良木材，材量佔了此地

〔註71〕臺中州，《臺中州要覽》（臺中：編印者，昭和 9 年（1934）），頁 191。
〔註72〕臺中州，《臺中州要覽》，頁 119。

針葉樹的一半以上，樹齡也比阿里山和太平山的檜木年輕。〔註73〕位於佳保臺的伐林作業本部設有住宿設施，可供旅人住宿休憩。

（六）新高山

新高山是臺灣第一高峰，標高 3,950 公尺，橫跨臺中、臺南、高雄三州。以主山為中心，四邊有東山（3,884 公尺）、南山（3,869 公尺）、北山（3,867 公尺）、西山（3,545 公尺）四峯作為其前哨，景緻雄偉，被推選為臺灣八景中的「別格」。明治 30 年（1897），由明治天皇賜名為「新高山」。主山的頂峰上，有一座石造的新高山神社。〔註74〕照片 4-3-2 所示為從北山望見的主山容貌，左方的稜線和東山相接，右方的稜線則延伸至西山。後方所見的山峰為南山。如果要登新高山，可以從八通關道路西部出發，沿著陳有蘭溪前進，從觀高進入新高主山山麓，這是最安全的一條路線，從花蓮港方面進入八通關的路線則次之。最困難的路線是從阿里山方面沿著稜線東行至新高山。〔註75〕

照片 4-3-2：新高山

資料來源：山本三生，《日本地理大系：臺灣篇》（日本東京：改造社，昭和 5 年（1930）），頁112。

〔註73〕山本三生，《日本地理大系：臺灣篇》（日本東京：改造社，昭和 5 年（1930）），頁85。

〔註74〕臺中州，《臺中州概觀》（臺中州：編印者，昭和 10 年（1935）），頁112～113。

〔註75〕山本三生，《日本地理大系：臺灣篇》，頁112。

（七）東埔溫泉

東埔溫泉位於新高郡東埔社。從集集線的水裡坑站，搭乘台車 37 公里至東埔下車，約 7 個小時。沿著新高山的步道，有住宿設施。泉質無色透明，無味道的單純泉質，內服可以治百病，尤其對於外傷及神經症狀有特殊的療效。〔註76〕昭和 8 年（1933）以工程費 6,000 圓建築總坪數 119 坪之東埔山莊為警察療養所。該地標高很高，富於山嶺溪谷之美，氣溫冷涼為保健之適地。〔註77〕

（八）次高山

次高山海拔 3,931 公尺，其境內橫跨臺中新竹兩州，位居日治時期日本國內第二高山。山是雄大，不僅有大甲溪上游的山谷之美，還有日本內地無法見到的特殊景觀。次高山之名是在大正 12 年（1923）4 月，由當時的天皇所賜與。其舊名為西魯比亞山，雪高翁山等。〔註78〕

（九）大安海水浴場

大安海水浴場距離大甲街西邊約 5 公里。從大甲站轉搭日糖線 17 分鐘可以到達，二等車單程 15 錢；三等車 10 錢，來回票為 20 錢。除此之外，有巴士和計程車可達。浴場內設有臺中州經營的休憩所，風光明媚，是夏季出遊的好去處。大安海水浴場的設備完善，備有可容納 600 人的休憩所，設有婦人專用的更衣室及化妝室，並提供兩間十張榻榻米大小的房間供遊人住宿或舉辦宴會。浴場內還設有食堂、賣店及娛樂設施。〔註79〕

臺灣總督府為了提倡體育風氣，強健國民體魄。除增設海水浴場以外，也設立游泳場地供民眾戲水強身，於夏季消暑遊樂。海水浴場和泳池多集中於靠海的市街，較少人工蓄水的池子。臺中州境內包括大安海水浴場在內，共有 10 座相關設施，如表 4-3-4 所示。

〔註76〕臺中州，《臺中州概觀》（臺中州：編印者，昭和 10 年（1935）），頁 118。

〔註77〕蕭富隆主編、林啓三翻譯，《日治時期新高郡轄內概況》（臺灣南投：南投縣立文化中心，1996 年），頁 187。

〔註78〕臺中州，《臺中州概觀》（臺中州：編印者，昭和 10 年（1935）），頁 113。

〔註79〕〈夏海に親め〉，《旅と運輸》第 44 號（1939.08），頁 26；交通局鐵道部，〈招くよ碧い海の色：沿線海水浴場案内〉，《旅と運輸》第 16 號（1938.06），頁 4。

表 4-3-4：昭和 13 年度（1938）臺中州海水浴場、游泳場地數量統計表

	臺中市	彰化市	大屯郡	豐原郡	東勢郡	大甲郡	彰化郡	員林郡	北斗郡	南投郡	新高郡	能高郡	竹山郡	共計
海水浴場及游泳場地數量	1	1	0	0	0	4	1	2	1	0	0	0	0	10所

資料來源：臺中州教育課，《臺中州社會事業要覽》（臺中州：編印者，昭和 15 年），頁 1。

其中，如表 4-3-5 所示，創立最早的游泳場位於彰化市；入場人數最多的游泳場則位於臺中市。照片 4-3-3 所示，創設於昭和 6 年（1931）7 月 10 日的鹿港海水浴場，位於當時的鹿港鹽場旁，引海水入池，池旁有一跳水臺及休憩用的遮陽棚數座。照片 4-3-4 爲沙山海水浴場。

表 4-3-5：昭和 13 年（1938）臺中州海水浴場及游泳場資訊

名　　　稱	經營主體	設立年月	入場費	昭和 13 年度中入場人次（人）	經費（圓）	所 在 地
臺中市水泳場	市	昭和 3 年 8 月	大人 5 錢 小孩 3 錢	53,260	152,175	臺中市新高町
彰化市水泳場	市	大正 11 年 5 月	大人 3 錢 小孩 1 錢	9,865	29,868	彰化市南郭
高美海水浴場	街	昭和 7 年 7 月	大人 5 錢 小孩 3 錢	2,542	17,497	大甲郡 清水街
大甲街水泳場	街	大正 13 年 7 月	免費	1,476	10,260	大甲郡大甲街 水源地
大安港海水浴場	州	大正 11 年 7 月	大人 10 錢 小孩 5 錢	2,523	118,037	大甲郡大安庄 大安港
沙山庄海水浴場	庄	昭和 2 年 8 月	免　費	4,500	90,000	北斗郡沙山庄 沙山
員林街公設水泳場	街	大正 14 年 6 月	免　費	---	---	員林郡員林街
鹿港海水泳池	街	昭和 6 年 7 月	免　費	30,205	63,592	彰化郡鹿港街 海埔厝
田中水道水源地水泳場	庄	昭和 11 年 4 月	免　費	4,896	80,000	員林郡田中庄 水道水源地

資料來源：臺中州教育課，《昭和 13 年臺中州社會事業要覽》，頁 73～74。
補充説明：---代表無數據。

照片 4-3-3：日治時期鹿港海水浴場

資料來源：康原編輯，《影像中的彰化》，頁 68。

照片 4-3-4：日治時期沙山海水浴場

資料來源：康原編輯，《影像中的彰化》，頁 70。

　　值得注意的是，這些自然資源多位處嚴山峻嶺，若非經由政治權力進行開發，可謂杳無人煙。日月潭爲典型的例子，其爲臺灣總督府計畫性地進行開的觀光休憩地。日治以前，日月潭原爲邵族居住的所在地，清領時期日月潭一帶被稱爲水沙連。〔註80〕康熙 61 年（1722）巡臺漢御史黃叔璥由京抵

〔註80〕水沙連在清代是一個地理區域的名稱，廣義的水沙連約包括沙連堡的濁水溪流城、五城堡、埔里社堡及集集堡之廣大番境，並包含名間、中寮、南投、草屯之山區。狹義的水沙連只指日月潭中及潭畔之邵族的社之所在地，及水

臺，曾與滿御史吳達禮一同勘查北路，而於《臺海使槎錄》對於當時水沙連各番社的狀況，有詳細的描述。文中描述清領時期的水沙連一帶，位處內山，層山環繞，路途險阻崎嶇，外人難以進入，而各社族人亦不得越界。由於交通不便，層山環繞，鮮有番人以外的人煙。〔註81〕

日治初期，明治30年（1897）伊能嘉矩奉命以民政部囑託身分，開始「蕃人教育施設預查」，曾經進入臺中州一帶的深山考察番情，包括水社（日月潭）、東埔社（新高山一帶）等處。當時伊能嘉矩徒步從埔里前往於日月潭，在湖間往來多搭乘傳統的獨木舟。〔註82〕

此外，據明治42年（1909）5月25日的《臺灣日日新報》的報導，遊人館林鴻做了以下記載：「日月潭在水社。屬南投廳轄。潭中水色。兩邊不同。……然地處僻陬。道路艱險。雖在臺者不能履往。故其勝不傳。」〔註83〕由上述文獻可知，當時前往該地並無大眾運輸交通工具可搭乘，伊能嘉矩徒步前往，或搭乘極為原始的交通工具進行日月潭一帶的考察。無怪乎，後人會留下日月潭交通之不便，即使富有勝景也無法輕易遊賞的文字記錄。

但是隨著殖民地政治權力的擴張，日月潭的發展也深受影響，其綺麗風光也為更多人知曉。明治末期，臺灣總督府為了發展糖業，即著手將水沙連傳統的糖部，整合而成為埔里社製糖株式會社；並在大正5、6年間（1916～1917）開設輕便車道，用以搬運砂糖和材料。此一輕便車道的開通，使得水沙連內山得以和西部地區相貫通，日月潭因而成了臺灣知名的觀光地。日月潭之盛名，也為明治31年至明治39年（1898～1906）任職臺灣總督府民政長官的後藤新平所傾倒。後藤氏甚至為日月潭賦了首詩：「雨晴風歇碧空開，

沙連社、水裡社、水社。陳哲三，〈「水沙連」及其相關問題研究〉，《臺灣文獻》第49卷第2期（1998.06），頁53。

〔註81〕原文：「水沙連社地處大湖之中，山上結盧而居，山下耕鑿而食。湖水紫帶，土番駕蟒甲以通往來。環湖皆山，層巒險阻，屬番二十餘社，各依山築居。山谷巉巖，路徑崎嶇；惟南北兩澗沿岸堪往來，外通斗六門、竹腳寮，乃各社總路隘口，通事築室以居焉。……通事另築寮於加老望埔，撥社丁，置煙、布、糖、鹽諸物，以濟土番之用；售其鹿肉皮筋等項，以資課餉。每年五月吊社，七月進社，共計十箇月，可以交易、完課。過此，則雨多草茂，番無至者。」黃叔璥，《臺海使槎錄》（臺灣南投：臺灣省文獻委員會，臺灣歷史文獻叢刊，1957年），頁123。

〔註82〕伊能嘉矩著，楊南郡譯，《臺灣踏查日記（下）》，頁215～216。

〔註83〕館林鴻，〈日月潭圖記〉，《臺灣日日新報》，明治42年（1909）5月25日，第1版。

鏡水屏由照眼來。俗慮急消榮辱外，心隨潭影共榮回。日月潭清碧水深，群峰倒影入波心。思詩好放輕舟去，不覺濃嵐沁冷襟。」〔註84〕

大正4年（1915）間，日人並在位於日月潭中央的拉魯島（Lalu）上種植了200株相思樹，1,500株櫻花樹，數十株松樹，將拉魯島加以美化。大正8年（1919）8月間，日本人在既有的殖民基礎裡發展輕工業，臺灣電力株式會社開始在日月潭興建發電廠，當時適逢第一次世界大戰後，經濟一片蕭條，因此要繼續興建日月潭的發電工程是一大挑戰。尤其在資金匱乏之下，日月潭的發電工事，不得已在興工3年半後中途輟工。期間曾數度努力試圖復工，但皆因時運未濟而無法完成。

昭和4年（1929）春天，日本第56屆議會提議發行社債，以作為資金的籌措，並得到日本政府的保證。在昭和6年（1931）6月成立外債，籌措資金後，於是大興土木，將原來周長4公里，水面面積約5.75平方公里，容量為1.830萬立方尺的日月潭，改建成高30.3公尺之水社壩及10.08公尺之社頭壩，提高了日月潭的水位18.8公尺，即將原來日月潭面積從5.75平方公里，增為7.73平方公里。〔註85〕昭和9年（1934）7月日月潭水力發電竣工，並於該月30日進行發電。隨著電力開發事業的進行，通往日月潭的交通不再窒礙難行，前往觀光遊覽的旅客也日漸增多。

至日月潭觀光，除了欣賞湖光山色以外，最著名的就是觀賞原住民的杵歌表演。杵歌表演是原住民婦女圍著扁石，每人手握長短不一的杵進行表演，杵的長度短者5或6尺，長者可達10尺。形狀細短的杵，音色較高；粗長的杵則音色較低。杵歌為二分拍子，旋律一定。表演之始，指揮者手持直徑4寸、長約1尺4寸的竹筒指揮旋律。婦女們則一邊低唱番歌，一邊用杵敲打石臼，相互應和。〔註86〕此外，日月潭上有數艘汽艇來往於日月潭中。花費兩小時，即可坐船游湖，進行從水社－玉島神社－化番－湖上村的環遊路線。

大正5年（1916）間，有一位叫伊藤的日人在潭邊建一豪宅，取名「涵碧樓」。大正6年至7年（1917～1918）間，日月潭地區遭到大地震的肆虐，而且餘震不斷，許多民宅和建築物都倒坍，由於涵碧樓的建築相當穩固，絲

〔註84〕橋本白水，《我觀臺灣》（臺北州：東臺灣研究會，昭和6年（1931）），頁51。

〔註85〕鄧相揚，《日月潭史話》，頁101～104。

〔註86〕林田利久平，〈日月潭遊記〉，《臺灣鐵道》第172號（1926.10），頁32。

照片 4-3-5：日治時期日月潭涵碧樓

資料來源：篠原正巳，《臺中：日本統治時代的記錄》，頁 373。

照片 4-3-6：日治時期日月潭杵歌表演

資料來源：篠原正巳，《臺中：日本統治時代的記錄》，頁 368～369。

毫未受損壞，因而佳評不絕，其後涵碧樓成了達官顯要和商賈來到日月潭的渡假場所。後來日月潭水力發電工程興工，此一建物必需易地重建，伊藤一時苦無資金重建，乃由臺中州廳接手興築，以檜木爲建材，蓋了一座三層的

木造建築物以作爲招待所。大正 12 年（1923）又建貴賓館八間，供東宮太子
（後登基爲日皇裕仁）來臺灣遊日月潭時作爲住宿之用，自此涵碧樓聲名大
噪。昭和 9 年（1934），因日月潭水力發電工程竣工，又於貴賓館右側增建二
間，準備裕仁天皇之兄梨本宮來臺遊日月潭時住宿之用。昭和 15 年（1940）
貴賓館遭到火災，幾全部殃及，後獲得救熄，火勢未得蔓延，才得保有涵碧
樓的眞面貌。

　　但是，觀光客的湧入，對當地原住民的生態造成影響。就經濟面而言，
觀光帶來可觀的利益；但就文化面來說，原住民傳統文化被當作商品販售給
觀光客，過於商業化的結果，反而顯得矯柔做作。例如，當時觀光客至日月
潭，給予 10 錢至 20 錢不等的金額，可觀賞到原住民杵歌及舞蹈表演；反之
不付錢的話，杵桿是不會動的。〔註 87〕另外，過於華美的裝飾和加工，不免
讓人覺得商業氣息過於濃厚，日月潭的杵歌表演即遭受過批評。〔註 88〕

〔註87〕 やまと新聞臺灣支局編，《臺灣週遊概要》（臺北市：成文出版社影印，1884
　　　　年：原刊於昭和 2 年（1927）），排印本影印。

〔註88〕 田村彰久，〈帝国鉄道協会員に臺灣視察の感想を聴く〉，《旅と運輸》第 44
　　　　號（昭和 14 年（1939）），頁 21。

第五章　臺中州觀光宣傳與觀光振興活動

　　臺中州在臺灣總督府的治理之下，透過一連串的市區改正，衛生條件改善，都市面貌煥然一新。其中，臺中市蛻變成有「小京都」美稱的新興都市。經由政策規劃，不但具有公園、博物館、戲院、藝文展覽、表演廳等人文觀光資源。境內的自然觀光資源也逐漸被開發，例如明治溫泉、日月潭等。至此，臺中州觀光資源漸趨完備，一個安全、衛生、美觀的旅遊空間形成。

　　但是，欲使觀光客與觀光資源產生連結，關鍵點在於連結兩者的「媒介」。此媒介可分為兩種形式，即「具體的媒介」與「無形的媒介」。前者指的是各式交通運輸工具，如火車、汽車、台車等，肩負著將觀光客送至觀光地的任務；後者則是指觀光宣傳。

　　臺中州觀光資源具備的同時，官方也積極進行觀光宣傳，並舉辦助於觀光推展的相關活動，掀起了臺灣民眾重新認識風景的熱潮。由於觀光宣傳資訊的傳布，引發觀光客對觀光資源的想像與好奇，進而至觀光地遊賞。於是，一個屬於殖民者觀看臺灣風景的目光，也漸漸滲透至臺灣民眾原有的認知裡，固定的遊覽路線和景點透過宣傳逐漸為民眾所熟知。本章從觀光推廣機構的成立談起，以官方和民間籌辦的觀光振興活動為分析對象，探討臺中地方觀光路線及風景觀的形成。

第一節　觀光推廣機構的成立及其業務

　　日治初期，並無正式的觀光推廣機構。當時旅客招攬宣傳等業務多由臺灣總督府鐵道部的運輸課承擔，每年投入約 3 萬圓的宣傳費用，除了製作各

式臺灣宣傳印刷品、海報、寫眞集、明信片外，並於國內外的報刊雜誌中刊登廣告。在臺灣方面，則是開辦旅行獎勵展覽會、放映會；島外則是於各地博覽會、展覽會展出和臺灣相關物品，以介紹臺灣實情。此外，爲了便利觀光客遊覽，尙加入日本鐵道省發行的鐵道省普通遊覽券、東亞遊覽券的優惠地區，並自行發行島內的臺灣遊覽券，便於探勝旅行。〔註1〕

臺灣總督府鐵道部也與日本國內的觀光單位合作，發行雜誌、舉行展覽會等，對於推廣臺灣觀光甚有成效。如日本半官方的「日本旅行協會」（Japan Tourist Bureau，簡稱JTB），其前身是「喜賓會」，爲日本於1893年成立的接待外賓機構。大正2年（1912）在日本鐵道省、滿鐵、朝鮮鐵道、日本郵船的促進下，改組爲日本旅行協會，並於同年設立日本旅行協會臺灣支部。〔註2〕日本旅行協會本部所發行的月刊雜誌《旅》，刊登臺灣相關的記載，推廣臺灣觀光。昭和9年（1934）更進一步於全臺各地設立12處觀光介紹所，增進島內外觀光客的福祉。同年，日本旅行俱樂部臺灣支部成立，居住於臺灣本島的仕紳200多人爲該會會員，藉由舉辦座談會、展覽會、電影會等活動，給予臺灣觀光發展側面的援助。除了上述的機構，和日本相關的觀光機構尙有昭和10年（1935）11月設立於臺灣總督府鐵道部內的「日本觀光聯盟臺灣支部」。〔註3〕

臺灣島內的觀光機構有昭和6年（1931）起於臺灣各地設立的國立公園觀光協會〔註4〕、昭和7年（1932）東臺灣勝地宣傳協會、昭和10年（1935）6月成立的臺灣旅行俱樂部及昭和11年（1936）5月成立的臺北市觀光係等。〔註5〕這些觀光推廣機構除了臺灣國立公園協會以外，均以鐵道部爲主軸展開業務。

〔註1〕 三十島祝，〈臺湾に於ける観光機關の全貌〉，《臺灣鐵道》第300號（1937.06），頁25～26。

〔註2〕 蔡龍保，《推動時代的巨輪：日治中期的臺灣國有鐵路1910～1936》（臺北市：臺灣古籍出版社，2004年），頁242～243。

〔註3〕 三十島祝，〈臺湾に於ける観光機關の全貌〉，《臺灣鐵道》第300號（1937.06），頁26。

〔註4〕 各地的國立公園協會如昭和6年（1931）設立的阿里山國立公園協會、昭和9年（1934）11月的大屯國立公園協會，以及昭和11年（1936）4月臺灣國立公園臺中協會等。吉村嚴編輯，《國立公園：台湾国立公園指定紀念號》（臺北州：厚生省體力局國立公園協會，昭和13年（1938）），頁6。

〔註5〕 三十島祝，〈臺湾に於ける観光機關の全貌〉，《臺灣鐵道》第300號（1937.06），頁26～28。

　　昭和 12 年（1937），臺灣總督府有感於觀光業務的重要性，於是跟隨日本國內的腳步，擬設立相關機構專司此事。臺灣總督府鐵道部運輸課正式成立觀光係，預算 1 萬 7 千圓，印刷宣傳小冊子、明信片、製作宣傳影片等，以宣傳臺灣觀光於世界。〔註6〕這是因為臺灣作為日本南方政策施行的據點，其重要性可見一般；除了官員名士前來臺灣外，一般的旅客也開始增加；不僅東京臺灣間的飛機航線開通，前往菲律賓、南中國和泰國的航線也計畫開通；海路方面，路線擴充、新式船隻開始航行等；臺灣島內的交通機關完備，國立公園的設立和山地開發等。基於上述原因，再加上昭和 15 年（1940）日本國內因舉行國家祭事並開辦第 12 回的東京奧林匹克運動會，故再加強臺灣觀光宣傳、擴充觀光事業。於是，昭和 12 年（1937）統合臺灣觀光事業的預算經費終於通過，觀光係的職掌事務也被明確規範。〔註7〕

　　關於觀光的宣傳業務正式展開，可追溯至鐵道部自明治 41 年（1908）縱貫線完工後，致力於臺灣交通及臺灣各地實情的介紹。為配合鐵道營業推行觀光，臺灣總督府鐵道部發行《臺灣鐵道名所案內》一書。〔註8〕該書附上臺灣鐵道圖（圖 5-1-1），以縱貫鐵路沿線的火車站為對象，由北而南依序介紹。因此，宜蘭、花蓮廳、臺東等位於臺灣東部，縱貫鐵路未經過的地區就不在介紹的範圍內。證明了觀光地的開發是隨著交通路線的延伸而拓展的，觀光地也侷限在交通工具能到達的範圍內。

　　書中揭載該地人口及地理概況，並提供該車站是否有公用電話、飲食販賣部等資訊。除此之外，也提供車站附近遊覽地的特色和交通方式的簡要介紹，並附上人力車、台車、輕便鐵道的轉乘費用。往後，臺灣總督府鐵道部於大正元年（1912）開始發行的《臺灣鐵道案內》一書的內容多半是承襲《臺灣鐵道名所案內》一書的編輯方式。

　　大正 5 年（1916）臺灣總督府鐵道部開始發行《臺灣鐵道旅行案內》一系列書籍，不定期的出刊並增添內容，直到昭和 17 年（1942）為止。〔註9〕

〔註6〕　〈鐵道部新設觀光係〉，《臺灣日日新報》，昭和 12 年（1937）3 月 3 日，第 8 版。

〔註7〕　柴山義雄，〈觀光事業鐵道部主管の誘因〉，《臺灣鐵道》第 301 號（1937.12），頁 21。

〔註8〕　臺灣總督府鐵道部編纂，《臺灣鐵道名所案內》（臺北州：臺灣總督府鐵道部，明治 41 年（1908））。「案內」為中文的「介紹」之意。

〔註9〕　依據日本學者曾山毅的調查，目前留存的《臺灣鐵道旅行案內》一書，依年份不同共計有大正 5 年版（1916）、大正 10 年版（1921）、大正 12 年版（1923）、

此書每期隨著鐵道線路的擴張以及其他內臺航路的變更等，不斷調整內容及題材。除了介紹臺灣各地名勝古蹟，還結合當地的產業及人文，以及臺灣地方風俗習慣。書中提供遊客完整的旅遊資訊介紹；並於行文中穿插照片或地圖，使觀者對於地理位置一目瞭然，並附上建議的旅遊路線、交通轉乘資訊，供遊客參考。

圖 5-1-1：明治 41 年（1908）臺灣鐵路圖

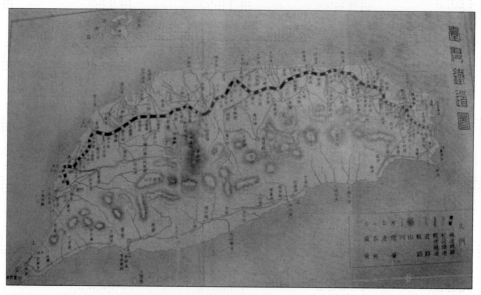

資料來源：臺灣總督府鐵道部編纂，《臺灣鐵道名所案內》（臺北市：臺灣總督府鐵道部，明治 41 年（1908））。
補充說明：粗線部分為縱貫鐵路路線。

鐵道部除了發行《臺灣鐵道旅行案內》以外，還出版其他觀光書籍，如《臺湾観光の栞》〔註10〕、《溫泉案內》、《臺灣觀光產業事情》等書，不勝枚舉。據昭和 11 年（1936）《臺灣日日新報》之報導：

> 鐵道省。或滿鮮鐵道局。每年以巨額豫算。努力于旅行宣傳。唯臺
> 灣鐵道。較見閑却。當局有鑑及此久木田旅客係。自就任以來。極

大正 13 年版（1924）、昭和 2 年版（1927）、昭和 5 年版（1930）、昭和 7 年版（1932）、昭和 9 年版（1934）、昭和 10 年版（1935）、昭和 13 年版（1938）、昭和 15 年版（1940）以及昭和 17 年版（1942）共 12 冊。曾山毅，《植民地臺湾と近代ツーリズム》（日本東京：青弓社，2004 年），頁 186。
〔註10〕中文書名為《臺灣觀光指南》。

力注目於此方面。最近爲臺灣鐵道宣傳一方法。計劃利用活動寫眞。
而使用之攝影。映寫機。日前已購入完了。……欲以「臺灣之旅」
爲題。以長尺影片攝影神戶出帆情景。至海上生活。入基隆港。沿
鐵道。及臺灣各地風光。廣介紹於內地。外國。〔註11〕

由此可知，鐵道部不僅向臺灣本島的民眾、官方機構、學校、自治團體等進
行宣傳，更利用電影將臺灣觀光推廣至外地。鐵道部每年花費不少經費向日
本內地及國外宣傳臺灣觀光，如遇日本國內開博覽會時，每每於博覽會會場
設「臺灣館」以加強宣傳。使日本、朝鮮、滿洲、樺太地區的民眾加深對臺
灣的認識。對國外則透過旅行中間機構及國際友好團體贈送散文印刷品、明
信片、照片集等，以求招攬國外之觀光客。〔註12〕例如昭和12年（1937）12
月，暹羅國（今泰國）舉辦「暹羅憲法紀念博覽會」，日本方面投入1萬多千
圓的經費，設置日本館，宣揚日本事情。臺灣爲日本南方的據點，也參與了
此次展覽，展出東洋交通聯絡模型、各式相片介紹圖表、臺灣全島鳥瞰圖、
特產品及明信片等物。〔註13〕

　　此外，鐵道部更積極地採取票價優惠的措施。針對學生團體、一般團體，
以及各式機構的觀光團體進行折扣。在常設的團體折扣之外，若遇特殊情形，
則設有臨時的優待票價，如臺灣博覽會期間針對相關人員的優惠票、體育大
會時選手們也能得到優待等。

　　鐵道部還設計旅行紀念章，並時常更新印章圖案，放置於各個車站供旅
客蓋章紀念。都市的特色與名勝濃縮於小小的刻印中，饒富趣味。如昭和7
年（1932）臺中車站的紀念章圖案，結合了臺中盛產的香蕉樹以及臺中公園
著名的池亭一景；外車埕車站爲前往日月潭遊覽的終點車站，因此其紀念章
圖案即以有名的日月潭爲景。圖案的線條雖然簡單，卻充分表現日月潭的特
點，湖光山色倒映於湖面，獨木舟緩駛其上，岸上則有杵歌表演。

　　在宣傳海報的設計上，強調渲染力，文字設計必須要能吸引他人目光。
另外，官方或是坊間亦出版各個觀光景點的明信片，有彩色有黑白，提供給
觀光客寄信或收藏用。

〔註11〕　〈利用活動寫眞宣傳臺灣鐵道〉，《臺灣日日新報》，昭和10年（1935）3月
　　　　　22日，第12版。「活動寫眞」爲中文「電影」之意。
〔註12〕　蔡龍保，《推動時代的巨輪：日治中期臺灣的國有鐵路1910～1936》，頁246。
〔註13〕　鐵道部觀光係，〈臺灣の觀光事情——愈々海外宣傳に進出〉，《旅と運輸》第
　　　　　4號（1937.12），頁14。

圖 5-1-2：臺中車站紀念章　　　　圖 5-1-3：外車埕車站紀念章

資料來源：西川榮一，〈印章印章印章，嘿嘿嘿〉，《臺灣鐵道》第 235 號（1932.05），頁
92、100。

圖 5-1-4：日治時期臺中公園明信片

資料來源：林良哲等著，《臺中公園百年風華》（臺灣臺中：臺中市文化局，2003 年），頁 59、
60。

　　隨著觀光事業發展，昭和 10 年（1935）6 月與鐵道部關係密切的「臺灣
鐵道旅行俱樂部」成立，主要目的是藉由觀光，增進本島住民的相互融合，
以資教化，對臺灣總督府的統治頗有貢獻。該會的主要工作是規劃團體旅行、
舉辦觀光相關講座、播放電影宣傳、鼓勵旅遊活動。〔註 14〕由於旅行俱樂部
於臺灣各地設有分部，策劃各種團體旅遊，使臺灣的民眾培養旅遊的興趣，
觀光休閒的概念漸漸普及，不再侷限於日本人或是外地觀光客。

　　昭和 12 年（1937），臺灣全島性觀光機構——觀光係正式成立，可惜的
是設立不久之後，日本即發動侵華戰爭，觀光業務及內容因而受到影響，原

〔註 14〕堀田鼎，〈臺灣旅行俱樂部発会式に際して〉，《臺灣鐵道》第 278 號（1935.
　　　　08），頁 2～3。團體旅行方面，臺灣旅行俱樂部曾舉辦過北港參拜團、海水浴
　　　　團、納涼觀月團、全島一州遊覽團、各都市產業視察及景勝地探勝團。

本的娛樂休閒性質漸趨薄弱，戰時色彩濃厚。如昭和 13 年（1938）4 月，日本鐵道省國際觀光局舉行「觀光祭」，爲了配合時局，公佈五項宗旨。分別爲涵養祖國愛精神；涵養質實剛建的風氣，磨練身心；努力開發觀光資源；藉由招攬觀光客，促進地方經濟發展，增加外匯收入；事變之下，重新理解觀光事業的使命，鼓吹國家公共方面的重要性。臺灣則是由臺灣總督府鐵道部配合宣導，督促地方各機關，強調觀光事業中的精神層面，期許日本精神的顯揚確立，以達報公之誠。〔註15〕

　　除了鐵道部整體性的觀光宣傳外，各地方也有各式招攬旅客的政策方針，自行規劃觀光攬勝行程，宣傳該地的風景名勝、地方性表演，如臺中州下大安站的站長曾於車站貼出海報，內容如下：

> 出來了嗎？出來了嗎？蕨兒已探出頭正等著各位的大駕光臨。在暖洋洋的春日帶著妻小外出，進行一日清遊，不僅安全，還可增添食桌上的美味。這個撫慰身心、無可挑剔的所在就是大安的採蕨處。
> 面對內社溪的懸岸，老松之下綻放杜鵑花，更增添了一番風情。
> ◎有輕便台車可直達登山口
>
> 大安站長〔註16〕

昭和 10 年（1935）4 月 5 日，在臺中州官民的協議之下，中部臺灣宣傳協會成立。此協會爲協助臺灣總督府舉辦始政四十年臺灣博覽會，爲招攬觀光客而設立。目的在於宣揚臺中州的地方特色，將山岳臺中的美，以及秀麗的風光介紹給世人。其主要工作爲：（一）設置山岳館；（二）設置臺中介紹所於臺灣博覽會的第二會場；（三）臺中州事情的宣傳介紹；（四）觀光客的介紹接待；（五）各式活動的舉辦和協助；（六）提供物品於臺灣博覽會展覽。〔註17〕該協會設有總務課、設備課、接待課、活動課、宣傳課，職掌上述業務。爲了宣傳介紹臺中州，還印製宣傳海報、明信片以及宣傳手冊、簡介，發送至各處；並和臺灣旅行協會（JTB）的臺灣支部取得連繫，將宣傳物發佈至其他相關單位；將臺中州的相片裱框，送至臺灣各主要車站以及日臺的連絡船，供其展示以招攬觀光客。〔註18〕據該會組織章程，可知中部臺灣宣傳

〔註15〕鐵道部著，〈觀光報国運動について〉，《旅と運輸》第 15 號（1938.06），頁 3。
〔註16〕岩崎生，〈鐵道旅客誘致論（二）〉，《臺灣鐵道》第 214 號（1930.04），頁 67。
〔註17〕中部臺灣宣傳協會編，《中部臺灣宣傳協會事業報告書》（臺中州：編印者，昭和 11 年（1936）），頁 1。
〔註18〕中部臺灣宣傳協會編，《中部臺灣宣傳協會事業報告書》，頁 12。

協會原預定於臺灣博覽會展期結束後，隨即解散。但在臺灣博覽會展期結束，協會欲廢止之際，該協會幹部商討之後認爲，一旦此會廢除，往後則無介紹臺中特殊性的宣傳機關，於產業經濟及文化諸多不利。因此決定組織觀光宣傳協會，並於協會名稱加上「國立公園」四個字，繼承中部臺灣宣傳協會的工作。於是，昭和10年（1935）12月3日，以各市尹郡、府評以及州協，其他重要官民80多人爲發起人，召開「臺中州國立公園觀光協會」發起人會議，討論觀光協會成立事宜。協會的成立旨趣如下：（一）充實國立公園的設置與調查；（二）刊行印刷物；（三）舉行演講展覽會；（四）與其他相關團體交流；（五）進行達成本會目的之必要事項。〔註19〕而後，昭和16年（1941），臺中市榮町（今繼光街一帶）貴田商店內，日本旅行協會臺中市旅行介紹所成立。該介紹所同時也是臺中車站辦事處，除了發售一般的車票，還販售船車接駁券、鐵路優惠券等。〔註20〕透過積極宣傳，引起民眾親身至觀光地遊覽，一窺名勝的慾望。

綜觀觀光宣傳發展，可知鐵道部積極推廣臺灣觀光，始於1930年代。在此之前，日人對臺灣的認識不深甚至有刻板印象，這和日治早期的政治環境相關。早期在六三法的推波助瀾之下，在臺灣的日本官民極力強調臺灣的特殊性，不但不理睬所謂的同化主義，進而視臺灣爲其私有物。此割據意識尤以在臺的日本移民最爲濃厚，爲遂其壟斷殖民地利益的野心，不但不肯和臺人合作共享，甚至對日本本國人也加以排拒。其對日本的宣傳工作，便是極力宣傳生蕃獵人頭的可怕以及傳染病、毒蛇之猖獗。〔註21〕如此刻意地扭曲之下，臺灣的觀光事業自然無法進展。因此，昭和9年（1934），身兼日本旅行協會（JTB）的專務理事、國立公園委員會幹事等要職的日本觀光界權威人士高久甚之助來臺視察，順道遊覽太魯閣、日月潭、霧社等名勝地。離臺之前，即撰文指出臺灣觀光宣傳不足，日人對於臺灣的氣候風土仍停留在領臺當初的印象，即不衛生，毒蛇橫行，傳染病猖獗。臺灣的觀光資源豐富，有山水之美、歷史人文的遺產，卻無法爲外人所知。建議除了臺灣總督府外，

〔註19〕〈臺中設觀光協會承繼宣傳協會事業〉，《臺灣日日新報》，昭和10年（1935）11月30日，第4版。
〔註20〕羽生國彥編，《臺灣運輸月報》（臺北州：臺灣交通協會，昭和16年（1941）），頁30～31。
〔註21〕蔡培火、陳逢源、林柏壽等著，《臺灣民族運動史》（臺北市：自立晚報社，1983年），頁27。（第3版）

臺灣全體居民應協力宣傳，推廣臺灣觀光事業。〔註22〕

第二節　觀光振興相關活動

此處所指之觀光活動，專指在臺灣總督府鐵道部以及地方組織的策劃下，具有休閒娛樂性質，或是能為地方帶動人潮，進而促進觀光發展之活動。臺灣也有地方性能帶動大量人潮的活動，如媽祖遶境、城隍爺祭典等。透過這些活動的舉辦，雖然可為地方帶來上萬的人潮，但宗教氣息濃厚，缺乏休閒娛樂性質，所以不在本論文的討論範圍。

關於臺中州下全島性及地方性的觀光相關活動，有些並非直接與觀光有關，但對於宣傳臺中州的觀光有一定的助益，如臺灣八景十二勝的選拔、國立公園的指定等。此外，日治時期各式博覽會，也帶動了人潮的移動，尤以始政 40 年的臺灣博覽會達到熱潮。除了全島性的活動以外，地方上也不時會有官方與半官方所舉辦的觀光活動，振興地方觀光。以下將臺中州下的觀光相關活動分為「全島性」與「地方性」進行說明。

一、全島性活動

（一）臺灣新八景十二勝選拔

八景在中國有其長遠的歷史，在臺灣則隨著志書的修纂，有許多不同的八景組合出現。〔註23〕從清代的志書及當時遊宦撰寫的大量關於臺灣八景的詩句可知，清代八景的命名風雅且景觀類別豐富，其規模形態的發展，是依附在清代臺灣土地開發，行政區域調整下產生的。礙於當時土地開發多集中於西部，在人跡罕至未開發的地方就不可能有八景的選定。因此，清代八

〔註22〕高久甚之助，〈臺灣の印象〉，《臺灣鐵道》第 268 號（1934.10），頁 27～34。
〔註23〕清代高拱乾版本的《臺灣府志》，首度出現〈臺灣八景〉一詞並作有八景詩，是臺灣府志中，首次將傳統「八景」的概念運用在臺灣自然風景的敘述上，「八景」透過高志將臺灣風景納入傳統勝景脈絡之下。當時臺灣八景主要是「安平晚渡」、「沙鯤漁火」、「鹿耳春潮」、「雞籠積雪」、「東溟曉日」、「西嶼落霞」、「澄臺觀海」、「斐亭聽濤」。宋南萱，〈臺灣八景從清代到日據時期的轉變〉（臺灣桃園：國立中央大學藝術學研究所碩士論文，2000 年），頁 12。高拱乾纂、周元文增修、臺灣史料集成編輯委員會編，《臺灣府志：臺灣史料集成清代臺灣方志彙刊第二冊》（臺北市：行政院文化建設委員會，2004 年），頁 489～490。

景自然見不到臺灣東部斷崖峭壁、險峻峽谷的奇觀異景。〔註 24〕景緻的選定往往能夠透露出當代人們觀看自然的角度，也可能蘊含了權力與欲望的投射。日治時期，臺灣新八景的選定也被賦予文化意涵，呈現不同於以往的風景觀。

臺灣新八景是一個票選活動，由臺灣日日新報社主辦，於昭和 2 年（1927）6 月 10 日至 7 月 10 日進行。依《臺灣日日新報》的公告，投票辦法是每人用官製明信片投寄到指定場所，依得票數前二十位成為臺灣八景候選地，再由「審查委員會」決定名單。經過為期一個月（6 月 10 日～7 月 10 日）的募集，總票數高達 3 億 6 千萬票之多。報社並於每日公佈累計票數，由於票數之多，經過二個星期的整理，於 7 月 29 日公佈臺灣八景的後補地名單依得票數高低依次為：鵝鑾鼻燈塔（位於高雄州）、壽山（位於高雄州）、八仙山（位於臺中州）、阿里山（位於臺南州）、基隆港（位於臺北州）、太平山（位於臺北州）、五指山（位於新竹州）、臺灣神社（位於臺北州）、淡水港（位於臺北州）、太魯閣峽（位於花蓮港廳）、日月潭（位於臺中州）、觀音山（位於臺北州）、大溪（位於新竹州）、獅頭山（位於新竹州）、出礦坑（位於新竹州）、虎頭埤（位於臺南州）、新店碧潭（位於臺北州）、旗山（位於高雄州）、雞籠山（位於臺北州）和霧社（位於臺中州）。〔註25〕

以各州的分配比列來看，臺北州佔七位，新竹州佔四位、臺中州與高雄州各佔三位，臺南州佔二位。透過臺灣新八景選拔過程，臺灣人民可親身參與票選，藉此產生臺灣風景的認知，形成了官方、專家、民眾三者共創的「發現臺灣」。在討論新八景的時候看似由臺灣人全民審查的投票形式，實質上投票數只占 30%比重，其餘 70%的決定權交由日本官員、畫家、文人組成的審查委員會決定，且是全盤考量地區分配、景觀性質等級後由委員會選出八景指定地和十二景指定地。因此，票數前八名的地點，未必是八景之一。

審查員名單於 8 月 1 日公告，由畫家石川欽一郎、鄉原藤一郎，文教部長，以及交通局官員等政府官員組成，對於各候選地進行實地勘查，並於審查委員會作出報告以為決定之參考。〔註 26〕選拔結果，新的臺灣八景和十二

〔註 24〕劉麗卿，《清代臺灣八景與八景詩》（臺北市：文津出版社，2002 年），頁 18、51～52。

〔註 25〕〈臺灣八景候補地決定〉，《臺灣日日新報》，昭和 2 年（1927）7 月 29 日，第 5 版。

〔註 26〕〈臺灣八景審查員〉，《臺灣日日新報》，昭和 2 年（1927）8 月 1 日，第 4 版。

勝如表 5-2-1 所示。由最後的名單對照當初的候補地名單，候補地排名第八位的臺灣神社被提升至別格的位置，並且冠上「神域」的封號，而未在前二十名候補地中的新高山，則與神社並列為別格，並封上「靈峰」的封號。原本大眾票選中並未有別格的產生，故別格的產生於審查委員會的決定。由以上的結果比較，可以看出審查委員會在這次八景募集票選中的重要性，它將位居候補地二十位之後的新高山納入考量，並且將其置於別格的位置，促成了八景之外兩個別格的產生，並為別格冠上封號。〔註27〕

表 5-2-1：昭和 2 年（1927）臺灣新八景選拔結果一覽表

	景　　名	所　屬　地
別　格	臺灣神社（神域） 新高山（靈峰）	臺北州 臺南州
臺灣新八景	淡水 基隆旭岡 八仙山 日月潭 阿里山 鵝鑾鼻 壽山 太魯閣峽	臺北州 臺北州 臺中州 臺中州 臺南州 高雄州 高雄州 花蓮港廳
十二勝	草山北投 太平山 新店碧潭 大里簡 大溪 五指山 角板山 獅頭山 八卦山 霧社 虎頭埤 旗山	臺北州 臺北州 臺北州 臺北州 新竹州 新竹州 新竹州 新竹州 臺中州 臺中州 臺南州 高雄州

資料來源：〈臺灣八景決定〉，《臺灣日日新報》，昭和 2 年（1927）8 月 27 日，第 5 版。

臺中州方面，當選八景的風景地有兩處，為八仙山與日月潭；當選十二勝的的風景地則是八卦山與霧社。當時，臺中州三浦知事於臺灣日日新報的

〔註27〕宋南萱，〈臺灣八景從清代到日據時期的轉變〉（臺灣桃園：國立中央大學藝術學研究所碩士論文，2000 年），頁 48。

訪談中表達：「臺灣新八景的選拔活動可詩化易限於俗氣的殖民地生活，此次貴社從全臺各地募集臺灣八景的投票，實爲眞正有意義絕好的企劃」。〔註28〕官員對此活動，普遍持肯定的態度。

八景十二勝公布之後，對於獲選地的觀光事業甚有助益，透過這樣一個半官方所主導的選拔活動，引起民眾對於在地風景的關注，在觀光宣傳上有莫大的效用。八景十二勝選出之後，官方與坊間的旅遊書或是報刊雜誌中，總不乏以此爲主題所撰寫的旅遊專文。從圖 5-2-1 的「臺灣遊覽略圖」也可得

圖 5-2-1：臺灣遊覽略圖

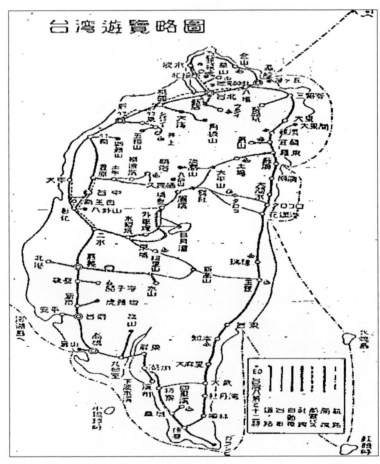

資料來源：陳石煌編，《楽園臺灣の姿》（臺北州：麗島出版部，1936 年），頁 78。

〔註28〕〈我社の八景募集の反響〉，《臺灣日日新報》，昭和 2 年（1927）6 月 7 日，第 3 版。

知，在旅遊地圖上八景十二勝的觀光地總會被特別標示出來，特別引人注目。
透過宣傳，八景十二勝因而成為觀光客的遊覽指標，間接影響觀光客對於臺
灣風景的認知。

（二）國家公園的指定

　　國家公園兼顧保育與遊憩的理念，是18世紀以後的新發明，並發軔於美
國。〔註29〕而日本在幕末、明治初年積極追求西式的文明與進步，並以先進
文化做為典範。同樣地，設立國家公園的文明概念從西方流傳至日本，除
了保育觀念以外，國家公園的設立更含有權力位階的作用存在，並滲透了國
家主義的概念。明治6年（1873）「太政官」公告將規劃社、寺、名勝古蹟，
配合外國居留地西方人的需求，日本開始設置「公園」（Public garden），對
於「保育」的需要性有更確切的瞭解。明治時代已提出「國家公園」的想法，
後因關東大地震而沉殿，再度地提出則是在1930年以後的事。日本當局透
過將社寺、史蹟靈場改造的國家公園，作為極磨練國民身心重要場域。昭和
2年（1927）日本朝野相談國家公園的設立計劃。昭和6年（1931）制定「國
立公園法」〔註30〕，翌年由「國立公園委員會」指定日本12個候選地，至
昭和11年（1936）為止，陸續設立阿寒、大雪山、十和田、日光、富士箱
根、中部山岳、吉野熊野、大山、瀨戶內海、阿蘇、雲仙、霧島等十二座國
家公園，對區內具有保育與精神價值之資源予以完善保護，留供給後世子
孫享用以外，尚可作為國民遊憩、休養、保健之場所，並供作研究教育使

〔註29〕18世紀末，歐洲浪漫主義對大自然開始有了新的態度，認為美麗與健康遠勝
　　　　於冷漠與抑鬱。同時美國新英格蘭地區的民眾也發現原本優美的鄉村，逐漸
　　　　轉型成為多煙污染的小鎮。至此同時，直接或間接影響國家公園運動發展的
　　　　是美國政府正極力想找出能代表美國的國家象徵性事物。然而美國不像舊世
　　　　界有悠久歷史、文化，也沒有傲人的古建築與城堡，美國擁有的是美麗的自然
　　　　原野、連綿的山脈、壯觀的西部峽谷與巨岩，這些優美景致，美國人深以為
　　　　傲，認為它遠勝於歐洲的田園風光，因此報章雜誌選用許多大幅西部原野的
　　　　美麗圖畫相片來代表美國之特徵，讓這個年輕的國家深信及瞭解它擁有世界獨
　　　　一無二的代表性資產。在此背景之下，1872年3月1日由美國當時的總統格
　　　　蘭式（Ulysses S. Grant）簽署成立黃石國家公園，成為世界上第一個國家公園。
　　　　徐國士等著，《國家公園概論》（臺北市：明文書局，1997年），頁5。
〔註30〕參照JACAR（アジア歷史資料センター）Ref. A03021794599 御署名原本・昭
　　　　和6年・法律第36号・國立公園法（勅令第241號參看）（国立公文書館）。
　　　　日語的「國立公園」即為國家公園。http://www.jacar.go.jp/DAS/meta/listPhoto?
　　　　IS_STYLE=default&ID=M2006090418595374355（2008/10/08）

用。〔註31〕

在臺灣，國立公園成立之嚆矢可追溯至昭和 3 年（1928）1 月，臺灣總督府營林所聘請權威田村剛博士進行新高阿里山一帶的風景計畫調查；同年 4 月，聘請林學博士本田以草山為中心，進行大屯山一帶的林野調查。一直到昭和 6 年（1931）適逢日本國內頒布〈國立公園法〉，臺灣國立公園設立之序幕正式開啓。〔註32〕臺灣總督府於昭和 8 年（1933）頒布〈國立公園調查會規程〉，設立國立公園調查會，籌畫國立公園的設置及其相關制度。〔註33〕依據日本已頒布施行的「國立公園法」草擬臺灣地區國立公園實施草案及要項。昭和 9 年（1934）愛好國立公園的人士於臺北成立了大屯國立公園協會，昭和 10 年（1935）8 月成立統合臺灣地區國立公園推動業務之臺灣國立公園協會，訂定會章，積極促成臺灣總督府於臺灣設立國立公園。

昭和 10 年（1935）10 月 20 日，臺灣總督府為安撫民間壓力，由官方及學者專家組成的國立公園委員會，正式成立訂定官方之正式組織章程，設委員 20～33 人，由當時的總督中村健藏為會長，總督府總務長為副會長，加上委員一共 29 人。〔註34〕臺中州方面，昭和 10 年（1935）12 月 3 日於臺中州會議室，所召開的臺中州國立公園觀光協會的發起會，為具體推動臺中州國立公園成立之先端。昭和 11 年（1936）1 月 5 日，臺中州國立公園觀光協會為調查園內諸設備事宜，派鈴木技手、森主事等一行五人，調查現場。調查後將於適當場所，建築得以收容 30 人以上的家屋。〔註35〕此外，並於同年 6 月 6 日，

〔註31〕 林玫君，《從探險到休閒：日治時期臺灣登山活動之歷史圖像》（臺灣臺北：博揚文化出版社，2006 年），頁 424～425。

〔註32〕 羽生國彥編，〈新たに指定を見た臺灣三大國立公園の全貌（一）〉，《旅と運輸》第 7 號（1938.02），頁 2。

〔註33〕 臺灣總督府內務局土木課，《市區計畫關係例規集》（臺北州：編印者，1934 年），頁 33。

〔註34〕 國立公園委員會依據國立公園動植物分布之條件，並訂定設置國立公園標準及方針。分別提出 3 處國家公園預定地，並於昭和 12 年（1937）正式指定為國家公園。預定地包括「大屯國立公園」位於臺北以北的大屯山區、陽明山公園及觀音山等地，面積是 92.500 公頃；「次高太魯閣國立公園」範圍從東面的花蓮太魯閣至西面的小雪山。雪山北從大霸尖山，東往清水山以下，到南邊的太魯閣大山、能高山一線，面積共 27 萬公頃，是三處預定地中面積最大的一個。「新高阿里山國立公園」則含括阿里山、玉山西側及秀姑巒山整個區域，面積共 18 萬公頃。游登良總編輯，《臺灣國家公園史》（臺北市：內政部營建署，2002 年），頁 59～60。

〔註35〕 〈臺中國立公園漸次施設先派員調查〉，《臺灣日日新報》，昭和 11 年（1936）

臺灣國立公園臺中協會與臺中州立物產陳列館主辦國立公園攝影展，並於會場販售臺中州下物產。〔註36〕在準備與宣傳的工作就緒之後，昭和 12 年底（1937），臺中州轄下的能高郡及東勢郡的部分地帶被劃入「次高太魯閣國家公園」內，新高郡的部分地帶則被劃入「新高阿里山國立公園」。境內則包括新高山（今玉山）、次高山（今雪山）以及合歡山等山岳地帶。〔註37〕

圖 5-2-2：日治時期國家公園分布圖

資料來源：陳元陽，《台湾の原住民と国家公園》（日本福
　　　　　岡：九州大学出版会，1999 年），頁 93。
補充説明：此圖爲筆者依原圖改畫而成。

　　　　1 月 8 日，第 12 版。
〔註36〕〈台中州國立公園寫眞展覽〉，《臺灣日日新報》，昭和 11 年（1936）6 月 6
　　　　日，第 4 版。原文標題似缺漏「臺」字。
〔註37〕吉村嚴編輯，《國立公園：台湾国立公園指定紀念号》（臺北市：厚生省體力
　　　　局國立公園協會，昭和 13 年（1938）），頁 63～65。

　　國家公園的設立，為日本在海外殖民地設立國家公園的首例，意義非凡。為宣揚臺灣山岳之美，吸引外來觀光客前來遊覽，隨即進行宣傳和規劃。宣傳手法包括印製海報、旅遊手冊、電影播映等，同時計畫發行紀念郵票將國立公園之美宣傳至全世界。〔註38〕而臺中州境內被指定為國立公園後，臺灣國立公園臺中協會即積極進行各項計畫。昭和13年度（1938）的宣傳事業如下：一、以霧社為觀光重心進行各項建設；二、於國立公園境內及各觀光景點設立觀光介紹所；三、為介紹及宣傳國立公園，臺中州下各市郡舉行觀光團員的招募，進行遊覽。並以上述三點為宣傳事業的主要目標，從而進行各項規劃。首先是霧社方面的建設，以霧社作為觀光開發的重心，集中地設立各項設施，致力於招攬觀光客。並進行下列三項工作。（一）開發櫻溫泉：於原櫻溫泉處建設度假小屋並規劃露營區，沿路種植杜鵑花。（二）霧社的規劃：(1)種植松林、杉林以及吉野杉、廣葉杉、彎大杉、喜馬拉雅杉等常綠林。(2)栽種內地式果樹。(3)栽種榕樹、山茶花。(4)種植草花類，如大波斯菊或是金盞花或是其他較易種植的品種。(5)種植草花類，杜鵑或是大理花等品種。(6)種植高第蘭及藥草，設置百香果的苗圃。(7)建造竹造休憩小屋，放置長椅。（三）霧社近郊的規劃：(1)從眉溪往裡走到霧社，順著沿途的斜坡地形種植灌木和花樹。(2)於附近的臺地或是坡地種植梅林、桃林、李林。

　　再來則是觀光介紹所的設立，為了往後能夠吸引到大批國內外觀光客，於臺中市物產陳列館內二樓設置國立公園臺中協會觀光介紹所。其業務內容為介紹與觀光相關的一切資訊，伴隨鐵路山線的開通，致力於招攬臺灣人民進行觀光。觀光介紹所和鐵道部及汽車協會維持聯繫，使旅客能取得交通時間、車資及票卷發售等相關事宜的資訊並和理番課及測候所維持聯繫，通報氣候狀況。同時展出番產品、高山植物、藥草類及博物類、國立公園相關的相片、圖表、圖書以及其他相關印刷品。

　　最後則是觀光團體募集，以宣傳臺中州轄下國立公園為目的，並招募各市郡之下的觀光登山團體。觀光地主要分成 4 大區域，分別是新高山、霧社、合歡山、明治溫泉。依區域不同，分別募集觀光客，招募人數的分配則是：新高山方面 500 人、霧社方面 1,500 人、合歡山方面 500 人、明治溫泉

〔註38〕羽生國彥編，〈国立公園に寄するの記〉，《旅と運輸》第 6 號（1938.01），頁10。

500 人，共計 3,000 人。爲吸引團體旅客，以臺中州各市郡役所負責國立公園事務的職員爲主，每人可獲得由協會補助的旅費 20 圓；原則上觀光者的旅費需自行負擔，但是依情況不同，協會將發予團體旅客些許補助金。〔註39〕

　　即使在戰爭期間，臺中州國立公園協會爲鍛鍊民眾身心，也開辦新高山、合歡山方面的不同路線行程，招募有興趣的民眾參加。行程內容以 4 天 3 夜到 5 天 4 夜不等，價錢爲 30 圓以內。〔註40〕坊間雜誌也有介紹國家公園的旅遊行程，臺中州方面主要的行程爲合歡山岳，其行程內容主要是從臺中州的霧社出發，越過合歡山出太魯閣。當然也可以從太魯閣出發，依同樣的路線越過合歡山出霧社。

二、地方性活動

　　臺中州比較大規模的地方性觀光相關活動，最早可以追溯到明治 41 年（1908）10 月 20 日在臺中公園所舉行的「臺灣縱貫鐵路全通式」。之後便是大正 15 年（1926）在臺中所舉行的「中部臺灣共進會」以及昭和 10 年（1935）「始政四十週年臺灣博覽會」。這些大型活動，帶動了臺中州的觀光熱潮，吸引人群前往臺中；地方上也有許多由車站站長、士紳團體所主導的小型觀光遊憩活動，如觀月會、納涼會等。

（一）臺灣縱貫鐵路全通式

　　「臺灣縱貫鐵路全通式」不僅是臺中有史以來最大規模的盛會，也是日治臺灣後第一個大規模活動。明治 41 年（1908）4 月 20 日縱貫鐵路全線正式通車，計劃於臺中舉行此式。臺中廳長佐藤謙太郎招集各官衙長、仕紳、旅館負責人於臺中俱樂部開會，籌劃相關事宜。最後決定出資 3 萬 5 千圓籌辦此式，其中官方負責 1,000 圓，其餘則由民間負擔。日本內地及全臺南北各地和鐵路事業相關的各界人士受邀前來參加此盛會。日本內地而來的約 800 人，加上本島的賓客，合計參與盛會的將有 1,000 人以上，其中一位最重要的貴賓則是從日本遠道而來的日本皇族的閑院宮載仁親王主持開幕式。

　　在籌備此開通式之時，首先要解決住宿問題，由於賓客人數眾多，市內

〔註39〕〈台中州下の絕景を先づ州民に紹介〉，《臺灣日日新報》，昭和 13 年（1938）4 月 14 日，第 13 版。

〔註40〕〈新高踏破團體募集〉，《臺灣日日新報》，昭和 17 年（1942）12 月 12 日，第 3 版。

的春田、丸田、高砂、千代之家、鹽田五間旅館不敷使用。因此，除了擴建旅館以外，並借用當地官衙宿舍、租用民宅以資使用；並新築旗亭 52 間，內附有寢具、蚊帳、洗面器等日常生活用具，以解旅館不足之問題。再者，著手進行道路街燈的設置、道路修繕、下水道清潔工作，以及休憩所、接待所、歡迎會場的規劃。為解決交通問題，於開幕式當天，加開特別列車。

當天，除了地方仕紳、捐獻土地者外，全島大小官員、日本皇族及海內外各界代表等超過千人以上的貴賓踴躍參加，盛況空前。為了招待這些貴賓，全臺唯一的歐式飯店——鐵道飯店，也趕在全通式前完工。另外並加以美化道路及市容，同年 10 月 18 日於市街兩側設有 100 多盞瓦斯燈，書成「全通式」3 個大字，於全通式的前夜開始連續 3 天點燈，使夜景更有看頭；尚町派出所旁的空地植樹、種草皮，並在常盤町的道路兩側以及馬舍公廟前，種植相思樹，綠化市容。

全通式這一天，早晨 7 點整貴賓專車由臺北車站開出，於中午 12 點 5 分抵達，10 分鐘後，貴賓依序進入會場，12 點 45 分典禮開始，由日本閑院宮載仁親莅主持，慶祝會後有大型餘興節目。為此盛會，整個臺中都動了起來。當天各機關團體動員參加，共有臺中州廳下 17 所學校 1,300 個學童提燈遊行，彰化火傘有 30 隻隊伍參加表演，日月潭邵族表演杵歌活動。會場除了施放煙火還有樂隊演奏，可謂盛況空前。〔註41〕照片 5-2-1 為當時閑院宮載仁乘坐馬車前往臺灣縱貫鐵路全通式會場的情景，巨型的拱門非常氣派。照片 5-2-2 則是開通式當天臺中火車站至會場臺中公園的沿路街景，兩旁張燈結綵，行人穿梭往來，好不熱鬧。

（二）中部臺灣共進會

日治時期臺灣總督府舉辦各項展覽會、博覽會，通常這些展示活動的舉辦帶有教化與宣傳的作用，日本的殖民地統治政策也透過展覽一點一滴地融入臺灣社會當中。而共進會則屬於較大規模的展示活動，著重於介紹臺灣各項產業的發展，會場通常設有數個展館，如工業館、農業館、國防館、教育館等。〔註42〕臺中州也趕上了展覽會的熱潮，大正 15 年（1926）3 月 28 日中

〔註41〕氏平要編，《臺中市史》（臺中州：臺灣新聞社，昭和 9 年（1934）），頁 377
～395。

〔註42〕程佳惠，《臺灣史上第一大博覽會：1935 年魅力臺灣 show》（臺北市：遠流出版公司，2004 年），頁 19。

照片 5-2-1：明治 41 年（1909）閑院宮載仁前往臺灣縱貫鐵路全通式會場

資料來源：林輝堂總編輯、陳武雄撰文，《臺中市珍貴古老照片專輯・第四輯》（臺灣臺中：
　　　　　臺中市政府，2000 年），頁 207。

照片 5-2-2：明治 41 年（1909）臺灣縱貫鐵路全通式時的臺中街景

資料來源：林輝堂總編輯、陳武雄撰文，《臺中市珍貴古老照片專輯・第四輯》，頁 209。

部臺灣共進會開幕，4 月 13 日閉幕。中部臺灣共進會的舉辦，一方面爲慶祝臺中市行啓紀念館的落成；另一方面爲了振興臺灣中部產業、教育、衛生、土木交通等各項事業而籌畫此項事業。爲期 15 天的會期爲臺中州帶來可觀的人潮，也帶動了臺中州的觀光事業。〔註 43〕此項活動的舉辦可以說是繼明治 41 年（1908）縱貫鐵路全通式後，臺中州最大規模的盛事。

活動共五個會場，第一會場設於行啓紀念館，展出主題分別是教育、學術、美術、工藝、衛生、番族；第二會場設於臺中公會堂，陳列農業、工業、食品、水產、礦產相關物；第三會場爲畜產館，位於臺中游泳池北側道路新建的巴洛克式的一層樓平房，展出水牛、黃牛、雞豬等；第四會場爲林產館，設置於臺中公園內，展示林產品。會期中的 4 月 1 日爲林產日，展開大規模宣傳，放映林業宣傳電影；第五會場設於物產陳列館，該館重新塗漆，作爲會期中的土木、交通、電器館。〔註 44〕除了開會當日的 3 月 28 日與隔日爲雨天，會期間天氣大多晴朗。再加上當時爲農閒時期，因此中部產業共進會的吸引了大批人潮參觀。據統計，會期共計 10 天，本館入場者共計 57 萬 1,486 人，再加上其他特設館約 20 萬的入場人次，則總計約有 70 萬人參與此次盛會。

中部臺灣共進會成功的原因除了因爲天候良好及展覽內容的豐富外，更可歸功於事前的宣傳。會前主辦單位與各新聞報刊協調，幾乎每日都可於臺灣三大報紙中見到臺中市的市況、會場設施，以及展覽內容的相關新聞；另外，也印製 2,000 張宣傳海報，公佈於臺灣各地群眾聚集之處，並發放至日本內地各府縣；請警察航空班利用飛行職務之便，於臺中市或彰化街的上空散佈共進會的宣傳單，或以汽車沿街散佈宣傳單，炒熱共進會氣氛；亦於臺中市內主要場所設立廣告版，並印製 5,000 張市內介紹圖和 5 萬張的會場案內，給予前來參觀者最大的便利。會期中，亦訂定抽獎日，發賣紀念明信片等，提高會場的人氣。〔註 45〕

（三）始政四十年臺灣博覽會

博覽會的舉行，往往與發展觀光相輔相成。藉由博覽會向海外宣傳，吸

〔註 43〕 中部臺灣共進會協讚會著，《中部臺灣共進會誌》（臺北州：中部臺灣共進會協讚會，大正 15 年（1926）），頁 1。
〔註 44〕 中部臺灣共進會協讚會著，《中部臺灣共進會誌》，頁 8、35～47。
〔註 45〕 中部臺灣共進會協讚會著，《中部臺灣共進會誌》，頁 160。

引來臺參觀博覽會的人士順道旅遊，日治時期所舉辦的共進會，如前述「中部臺灣共進會」，就已經達到這種附加功效。而昭和 10 年（1935）舉行的始政四十年臺灣博覽會更被稱爲臺灣史上第一大博覽會。

照片 5-2-3：大正 15 年（1926）中部臺灣共進會的會場盛況

資料來源：賴志彰編撰，《臺灣霧峰林家留眞集近、現代史上的活動 1897〜1947》（臺北市：自立報系文化出版部，1989 年），頁 18。

臺灣總督府爲了要展示其統治臺灣四十年的成果，並且將臺灣做爲南進政策的跳板。因此在昭和 10 年（1935）10 月 12 日至 11 月 20 日舉行爲期 47 天的博覽會。當時全臺灣有 3 分之 1 的人前往參觀，國內會場多集中於臺北市。爲了讓這場博覽會的熱鬧擴及全臺，地方分館展示各地特色，全臺除澎湖廳以外，其餘各州廳都設有地方分館及案內所。〔註 46〕另外板橋、新竹、臺中、嘉義、高雄等地各自推出地方主題館，臺中因地處進入中央山脈的要衝，專門展示山岳活動，嘉義館則主打阿里山，臺南館結合臺南市內的古蹟，以臺灣史爲主。

〔註46〕例如臺中州的山岳館、基隆的水族館、板橋的鄉土館、嘉義的特設館與高山博物館、臺南的歷史館、高雄的觀光館、臺東的鄉土館、花蓮港的鄉土館。程佳惠著，《臺灣史上第一大博覽會：1935 年魅力臺灣 show》，頁 110〜116。

臺中州方面，由於昭和 10 年（1935）4 月 21 日的中部大地震，重創臺中州，影響到臺中州博覽會地方館的籌備。原本臺中州有意趁博覽會的舉辦，興建工藝館，推動家庭工業；又打算花費 48,000 圓擴充物產陳列館，都因地震災情而中止。最後終於成立了中部臺灣宣傳協會，除了於臺中市大正町的行啓紀念館（今臺中市中正路、自由路附近）內設置山岳館進行展覽活動；並於臺灣博覽會位於臺北榮町（今衡陽路與博愛路口）的第二會場設置臺中市內介紹所。山岳館除了展出臺中州下山岳之美，也介紹州下各名所舊跡，並陳列與販售特產品。山岳館的入門門票，大人爲 5 錢，小孩爲 2 錢，學生團體打 5 折；普通團體則有 8 折優惠，而軍警人員免費入場。位於行啓紀念館的第一會場，展出內容包括臺中州山勢、日月潭及新高山（今玉山）等名勝的立體模型、臺中州 12 景之幻燈片及相片、登山介紹圖等。此外，一樓還展示臺中州的產業現況、產業倉庫模型，並有帽子編織的實際表演；第二會場除了臺中市內介紹所以外還設有販賣部，並有紅茶招待。〔註47〕

臺中州也因應博覽會舉辦了許多後援活動。例如埔里成立宣傳協會，由街長擔任會長，動員居住埔里的日籍人士，每人負責寄發 20 份博覽會宣傳品之明信片給日本親友，招攬來臺參觀博覽會並順道觀光埔里。臺灣山岳會臺中支部則舉辦攀登新高山（今玉山）慶祝臺博的活動，其它還有臺中州立博物館的州勢展覽會、臺中公園的日月潭水化社原住民杵歌表演、臺中市內商家聯合大拍賣，以及臺中、朝鮮、滿州三隊較勁的殖民地棒球對抗賽。〔註48〕

（四）地方小型觀光休憩活動

日治時期地方民眾漸漸有了休閒觀念，地方上比較盛行的觀光休憩活動有納涼大會、觀月會等，都是民眾最常參加之觀光休憩活動。最初自鐵道部舉辦，且只有北部地區舉辦，其後因民眾反映良好，其他民間旅行機構跟進舉辦，漸由地區性活動擴展至全臺各地，參加人數亦不斷增加。〔註49〕其中，臺中州下所舉辦的納涼會活動，並非全由官方舉辦，民間組織如臺中實業協會、臺中商工協會也多次主辦納涼會，同樣吸引了許多觀光客。

〔註47〕全臺灣旅館組合聯合會編，《臺灣の旅：臺灣博覽會特輯號》（臺北市：編印者，昭和 10 年（1935）），頁 10～11。

〔註48〕程佳惠，《臺灣史上第一大博覽會：1935 年魅力臺灣 show》，頁 112。

〔註49〕蔡龍保，《推動時代的巨輪：日治中期的臺灣國有鐵路》，頁 251。

根據明治 42 年（1909）7 月 24 日《臺灣日日新報》的報導：「即將於本月 28 日於臺中公園舉行的臺中納涼會，迴響熱烈。報名者甚至遠達嘉義、斗六、彰化及南投等地方。至昨天為止，報名者已超過一千名。照此情況看來，在二十五日截止日以前，可達到一千五百名。……」〔註 50〕由此可知，納涼會不只侷限於臺中州民參加，其範圍甚至跨越臺中州遠達嘉義。由該報導的內容可進一步了解，該次納涼會的形式，主要是將公園內的草皮整理乾淨，於其上鋪草蓆供人席地而坐。並於會場四周繞上紅白布幔，掛上燈籠吊飾，夜間施放煙火，進行戲劇表演。爾後，臺中州下不定期舉辦納涼活動，並配合其他各式餘興節目，吸引人潮。如昭和 2 年（1927）7 月 1 日臺中納涼市的舉辦，規模盛大。不僅在臺中市內掛有燈飾，於柳川與綠川也設置納涼台，各商家也配合舉辦抽獎贈品活動。另外，納涼活動期間亦舉辦各種集會及藝文活動，如電影播放、盆栽插花展覽、臺灣音樂演奏會、棒球比賽等。〔註 51〕

除了納涼會，還有觀月會。觀月會顧名思義就是賞月。每到秋季，接近農曆 8 月 15 日，全臺各地都會舉行觀月活動，此類活動多由官方或公司行號發起，規模有大有小。臺中州下的觀月活動頻仍，觀月大多舉行於戶外，如彰化多舉行於八卦山；臺中市則於舉行於水源地、臺中公園等地。但有時也舉辦於有樓閣可觀月的餐廳，設宴擺席，聯誼性質頗為濃厚，藉以增進感情，促進交流。依據大正 15 年（1923）《臺灣日日新報》的報導，當時臺中各地舉辦許多觀月會，比較有頭有臉的人參加臺中博物館頂樓所舉辦的九皋會的觀月會；香園閣舉辦的八紘會則聚集了多數官民；寶町臺灣日日新報支局後方的空地也有觀月會舉行，並撥放電影供民眾觀賞，活動往往延續至深夜。〔註 52〕

上述觀光活動多為官方或是半官方組織所舉辦，但在臺中州卻有臺灣本島的地方仕紳帶領民眾進行觀光休憩活動的特殊例子，即霧峰林家領導的社會事業。昭和 7 年（1932）3 月 19 日，林獻堂父子創立「霧峰一新會」；昭和 8 年（1933）5 月再設立「一新義塾」，直至昭和 13 年（1938）1 月，長達 7 年時間。一新會的成立是林獻堂與長子林攀龍合作，實現其改造社會風氣的

〔註 50〕　〈臺中納涼會〉，《臺灣日日新報》，明治 42 年（1909）7 月 24 日，第 5 版。
〔註 51〕　〈臺中の納涼市〉，《臺灣日日新報》，昭和 2 年（1927）6 月 30 日，第 3 版；
　　　　　〈臺中の納涼デ〉，《臺灣日日新報》，昭和 2 年（1927）7 月 1 日，第 2 版。
〔註 52〕　〈臺中の月見〉，《臺灣日日新報》，大正 15 年（1923）9 月 23 日，第 2 版。

理想。目的「在促進霧蜂庄內之文化而廣布清新之氣於外，使漸及自治之精神，以期新臺灣文化之建設」。〔註53〕

「一新會」下轄許多部門，其中與觀光振興相關的則是體育部。〔註54〕體育部之主任為林獻堂次子林猶龍，〔註55〕體育部的設立目標主要在於提倡運動風氣，改造身體，涵養運動精神。體育部不定期舉行各式運動比賽，如網球、桌球、運動會。除此之外，地方遠足和參觀也是體育部經常舉辦的活動項目。例如，遠足活動曾經去過東山、八卦山、黃竹坑、青桐林、車籠埔、獅頭山等地；臺中商業學校、長老教中學、臺中農業學校，也曾經舉辦遠足活動至萊園，林家則友善招呼。上述活動的參加人數，少則數十人，多則兩三百人，皆有相當之規模。此外，尚有一新義塾參觀博覽會；夏季講習會遠足登洪鑪別墅、繞霧峰山一周等活動。林獻堂、林攀龍、林猶龍都是熱愛參觀旅遊之人，從中不但可以陶冶身心、強健體魄，還能夠豐富閱歷、增廣見聞，一新會舉辦遠足和參觀旅遊活動，即有意藉此打開民智、改造地方社會風氣。〔註56〕除此之外，也舉辦納涼會，地點多於林獻堂宅邸中，主要出席者為一新會的成員，活動內容有唱歌跳舞，或於會後播放電影。〔註57〕諸如此類的活動，如電影觀賞會、書畫展覽和觀月會常舉辦於林獻堂宅邸或一新會會館，雖然規模不大，也不算正式的觀光活動，卻將休閒概念普及至地方的庶井小民。

透過日治時期這些官方及民間的觀光相關活動的舉辦，如全島性的臺灣新八景的選拔和國家公園設立；以及臺中州地方性的觀光活動，比較大規模的有明治41年（1908）臺灣西部縱貫鐵路全通式、大正15年（1926）中部臺灣共進會和昭和10年（1935）始政40週年紀念博覽會。除了掀起民眾重

〔註53〕 林獻堂著，許雪姬、鍾淑敏主編，《灌園先生日記（五）一九三二年》（臺北市：中央研究院臺灣史研究所籌備處、近代史研究所，2003年），頁88。

〔註54〕 「一新會」下轄八部，分別是調查部、衛生部、社會部、文藝部、體育部、產業部、庶務部與財務部。林獻堂著，許雪姬、鍾淑敏主編，《灌園先生日記（五）一九三二年》，頁88。

〔註55〕 林丁國，〈從《灌園先生日記》看林獻堂的體育活動〉，收於許雪姬編，《日記與臺灣史研究：林獻堂先生逝世50週年紀念論文集下冊》（臺北市：中研院臺灣史研究所，2008年），頁822。

〔註56〕 林丁國，〈從《灌園先生日記》看林獻堂的體育活動〉，收於許雪姬編，《日記與臺灣史研究：林獻堂先生逝世50週年紀念論文集下冊》，頁823。

〔註57〕 林獻堂著，許雪姬、鍾淑敏主編，《灌園先生日記（六）一九三三年》，頁320。

新認識風景的風潮以外，也爲臺中州帶來可觀的觀光人潮。其他小規模的觀光活動，如觀月會和納涼會，還有地方組織一新會舉辦的各式遠足郊遊活動，也引領了地方民眾參與休閒活動的興致。

第三節　觀光行程的特點

　　John Urry 指出視覺經驗是觀光旅遊的重要面向，但他更強調凝視主體（觀光客）與凝視對象（觀光地）之間社會權力的操作與展演。﹝註 58﹞臺中州作爲一個觀光舞臺登上檯面，無疑是權力作用下產生的結果。透過觀光宣傳以及觀光振興活動的舉辦，臺中州成爲觀光客凝視的對象。而觀光客如何「凝視」臺中州，往往取決於官方所發行的旅遊宣傳小冊或是介紹書。本節以官方所發行的旅遊宣傳刊物作爲分析的文本，研究當時臺中州的主要景點以及觀光路線，並比較其中之差異。

　　首先，選定三本不同時間出刊的鐵道旅行刊物，分析臺中州有哪些觀光景點被廣爲宣傳，而隨著時間流轉，宣傳內容上有何更動。第一本文本是明治41 年（1908），鐵道部所出版的《臺灣鐵道名所案內》。此書可謂日治初期較正式的旅遊介紹書，其內容主要是介紹縱貫鐵路開通沿線的各車站周邊的景點，以及簡要的社會概況。第二本文本則是大正 12 年版（1923）的《臺灣鐵道旅行案內》，此書出版時，海岸線業已開通，旅遊書內也因此增添了許多觀光景點的介紹。第三本文本爲昭和 17 年版（1942）《臺灣鐵道旅行案內》。三個分析文本的觀光景點分類統計，如表 5-3-1 所示，詳細內容請見附錄三。

表 5-3-1：明治 41 年（1908）、大正 12 年（1923）及昭和 17 年（1942）
　　　　　觀光介紹書內容

	明治 41 年（1908）《臺灣鐵道名所案內》	大正 12 年版（1923）《臺灣鐵道旅行案內》	昭和 17 年版（1942）《臺灣鐵道旅行案內》
自然風景	10	12	17
產業觀光	2	10	11
臺灣寺廟、史跡	10	4	11
日本神社、史跡	1	3	16

﹝註 58﹞John Urry 著、葉浩譯，《觀光客的凝視》（臺北市：書林出版社，2007 年），頁 12。

都市行政區	12	9	15
公園、博物館等娛樂設施	1	1	6
總計	36	39	76

資料來源：臺灣總督府鐵道部，《臺灣鐵道名所案內》（臺北州：江里口商會，明治 41 年（1908））；臺灣總督府鐵道部，《臺灣鐵道旅行案內：大正 12 年版》（臺北州：編印者，大正 12 年（1923））；臺灣總督府鐵道部，《臺灣鐵道旅行案內：昭和 17 年版》（臺北州：東亞旅行社臺灣支部，昭和 17 年（1942））。

　　比較三個文本個觀光景點介紹，愈到後期有三個差異愈來愈顯著。首先，觀光景點漸增，增加的原因無非是因爲交通路線的開發。早期，景點距離火車的範圍總不出轎子和人力車所能移動的距離。隨著海岸線的開闢、集集線的收購，觀光景點也遍佈鐵路沿線各站。

　　再者，觀光之教化功能顯著。從昭和 17 年（1942）《臺灣鐵道旅行案內》的內容可以很明顯的發現，相較於大正 10 年《臺灣鐵道旅行案內》的介紹內容，北白川宮能久在臺中州各地的遺跡介紹從 1 處增加至 7 處之多，介紹內容也更加詳細且完整。此外，神社與產業參觀的介紹數量增多，新增豐原神社、東勢神社、彰化神社、員林神社、田中神社。而一向依附在臺中公園之下未被獨立當作景點介紹的臺中神社，也單獨列出。更值得注意的是神社介紹的順位，大多排在所有景點之先，似爲刻意編排，有引人注目之意。

　　觀光帶有教化功能與當時社會背景相關。從昭和 6 年（1931）滿州事變開始，日本開始侵略中國，隨著中日戰爭與太平洋戰爭的開展，臺灣總督府爲加緊對臺灣社會的控制，昭和 11 年（1936）9 月起用海軍上將小林躋造爲臺灣總督，推展所謂「皇民化運動」，以加速臺灣人日本化的程度。〔註59〕戰時體制下，臺灣觀光事業的推廣也肩負著教化的使命，從鐵道部觀光課田村彰久的評論可以印證此點。

─────────

〔註59〕1936 年新到任的總督小林躋造提出「皇民化、工業化、南進化」作爲新的統制方針，以因應即將到來的中日戰爭。1940 年近衛文麿第二次組閣，並於 10 月在日本本土發動「大政翼贊」運動，各地紛紛成立大政翼贊會，舉國一致爲戰爭效力。1941 年 4 月做爲日本大政翼贊會的從屬機關「皇民奉公會」成立，由長谷川清總督兼任總裁，地方各州、廳、市設支部及區分會，最基層的則是奉公班，隨著奉公會這個戰時體制的動員體系的建構，皇民化運動才藉由這個嚴密的動員體系，眞正影響臺灣人的生活。許雪姬、薛化元、張淑雅等撰文，《臺灣歷史辭典》（臺北市：行政院文化建設委員會，2004 年），頁593。

若說到觀光地，大多會聯想到自然景觀，但是史跡、傳說地等都是
吸引觀光客的重要因素。……在日常生活中，北白川宮殿下的本島
征討史大概不被關心吧！這些史實不能單單從觀光事業的角度來衡
量，若從現今戰爭時局精神總動員的角度來衡量，所謂「歷史臺灣」
的再檢討是必要的。〔註60〕

由此可知，大量增加史跡遺跡地的觀光景點介紹，除了為了招攬觀光客外，
也和戰時精神教化相關。於是，觀光行程安排往往為了迎合時局而做了改
變。例如，昭和 12 年（1937）12 月號的《旅和運輸》雜誌，刊登日月潭及霧
社觀光募集的廣告，強調至神社參拜可以祈求皇軍建勝、武運長久，並於行
程中規劃至日月潭的玉島神社及霧社的霧之丘社參拜。昭和 14 年（1939）年
12 月號的《旅と運輸》雜誌，連載專文介紹澳底到臺南之間，共 30 多處的北
白川宮能久的征臺遺跡地。〔註61〕

　　昭和 13 年（1939），鐵道部提到臺灣觀光的特殊性時強調臺灣的觀光事
業應和中央機關保持緊密的關係。在國家總動員計畫之下，從重要資源保育的
觀點來看，臺灣人需要重新理解內地的日本人，學習日本人對於文化產業提
升的技巧。因此，對於人口密度不高，生活空間充分的臺灣來說，增加日本人
來臺定居是有必要的。藉此使臺灣人對於祖國日本有新一層的認識，提高國
民文化與生活素質，期許臺灣人民徹底皇民化，鞏固南方的守備。並透過觀光
事業，從文化、產業等各方面，向內外地宣傳臺灣的實情，喚起日本人對臺
灣的關心。臺灣則能名實相符地作為南進的據點，祈求國運昌隆。〔註62〕

　　最後，山岳觀光的確立。透過比較三本旅遊書，可發現昭和 17 年版
（1942）的《臺灣鐵道旅行案內》中，以山岳為中心的觀光路線與行程，如
能高越道路、八通關越道路、合歡山越道路的沿途景觀均被詳細地介紹。
1895 年臺灣割讓給日本之後，隨著臺灣總督府對臺灣的開發，臺灣的天然景
觀，尤其是險峻的山岳地帶，因為交通路線的擴張而為人所知。山岳觀光的
確立代表兩個事實，一為統治勢力的鞏固，二為道路開發延伸至山岳地帶。

〔註60〕羽生國彥編，田村彰久著，〈觀光事業と臺灣（二）〉，《旅と運輸》第 50 號
　　　　（1939.11），頁 6。
〔註61〕羽生國彥編，《旅と運輸》第 4 號（1937.12），頁 25；鐵道部觀光課著，〈北
　　　　白川宮殿下御遺跡地順路案內〉，《旅と運輸》第 51 號（1939.12），頁 6。
〔註62〕羽生國彥編，〈臺灣觀光事業の特殊性〉，《旅と運輸》第 14 號（1938），頁
　　　　10。

臺灣海拔 3,000 公尺的高山高達 200 座以上。雖然原住民自古就活躍於此，漢人來臺也有數百年歷史，但是眞正符合現代定義的「登山」活動，仍要等到日本領臺之後。日治初期雖已有登山紀錄，但大多爲了行政需要，如山勢測量、地圖製作及林業調查等。由於山區的原住民尙未完全歸順，進入山岳地帶甚至冒著生命危險，山岳地帶宛如黑暗地帶一般，深不可測。〔註63〕因此，征服高山原住民成爲進入山岳地帶的首要之務。明治 39 年（1906）佐久間左馬太上任總督（1906～1915），隨著「五年理番事業」和「太魯閣討伐之役」的強力推進，原本難以登頂和調查的山岳地帶得以順利進出。在「太魯閣討伐之役」後的大正 4 年（1915）至大正 5 年（1916）之間，相繼調查大雪山（3,600 公尺）、次高山（3,884 公尺）、白姑大山（3340 公尺）、關門山（3052.4 公尺）、小雪山（3043.3 公尺）、清水山（2407.3 公尺）等高山。伴隨這些主要山峰的探險登頂行動，其周邊山岳地帶的探查也隨之展開。至此，臺灣山岳地帶的情勢已趨明朗。〔註64〕

自大正 15 年（1926）初，設立山岳會的構想便在有志者之間談論著，最後時機終於成熟。該年 11 月 19 日召開幹事會，臺灣山岳會組織自此正式成立。除了發行會報《臺灣山岳》、機關誌《臺灣山岳彙報》等出版品以外，並舉辦山岳相關的展覽會及演說、策劃登山活動等。此時期，除了臺灣山岳會，坊間也有若干登山團體，如遞信部交友會山岳部、臺北郵局內部的北郵山岳部、專賣局內的養氣俱樂部、專賣局南門工廠山岳部等。在學校山岳部方面，在臺灣山岳會尙未創立之前，臺北一中山岳部已獨領風騷，在各山岳進行團體登山。後來臺北高等學校山岳部也活躍勃興，並在近代登山時代的臺灣學生登山界位居龍頭地位。總括而言，此時期，臺灣山岳會及其他登山團體的登山成績激增，不以山岳爲終身職志的業餘登山家十分活躍。〔註65〕

隨著昭和 12 年（1937）臺灣國家公園的設立，更確立了山岳觀光的大眾化。官方和坊間所出版的旅遊介紹書，多集中介紹山岳觀光。登山在當時也隨著政府、學校、媒體等大力提倡，漸漸普及爲國民運動，登山的雜誌和書

〔註63〕 明治 31 年（1897）1 月，深堀大尉一行 18 人探險北番之途，從霧社進入太魯閣番地的時候，於合歡山附近遭受番人襲擊，無人生還。〈遭難遺跡〉，《臺灣日日新報》，明治 33 年（1900）4 月 22 日，第 5 版。

〔註64〕 曾山毅，《植民地臺湾と近代ツーリズム》，頁 253。

〔註65〕 沼井鐵太郎著、吳永華譯，《臺灣登山小史》（臺灣臺中：晨星出版社，1997年），頁 93～99。

籍增多，中學校的旅行常前往阿里山、新高山等地，登山的活動也進入了女子教育之中。此外，鐵道部大力推廣山岳觀光，一方面延伸觀光事業的觸角，以獲取經濟利益；另一方面展示其治績。昭和 10 年（1935）林獻堂登新高山返回霧峰之後，發表登山所感，就提到理蕃事業之成功。〔註 66〕林氏沿途所見之蕃童教育所、原住民開墾之水田都再再顯示了原住民已歸順於日本。除林氏以外之登山客，見此祥和景像而感佩日本統治者必有人在。因此，山岳觀光也成為臺灣總督府教化臺灣人民、展示治績的手段之一。

　　日治時期，中部山岳觀光路線分別是新高山、次高山、合歡山與霧社日月潭一帶。由《臺灣的代表物》中，可得知中部山岳的觀光路線，如表 5-3-2 所示。由其旅遊行程可以知道，當時進行山岳觀光大多徒步而行，住宿方面的資源也尚未完備，多投宿於警察派出所甚至是避難所。在旅遊的硬體設施不足的情況下，仍舊無法滿足大規模的觀光客需求。如昭和 2 年（1927）產業組合大會臺中支會舉行日月潭霧社觀光，申請者踴躍，達到 238 人。但因台車和旅館設施之不足，最後人數限制在 100 人。〔註 67〕

表 5-3-2：昭和 10 年（1935）中部山岳觀光行程表

（一）新高山

日　數	出發及目的地	里　程	時　間	車費及住宿費	交通及住宿地
第 1 日	臺中－水里坑	20 里 0 町	3 小時	2 圓 26 錢 1 圓 20 錢	火車二等車 火車三等車
	水里坑－東埔	10 里 17 町	7 小時	3 圓 02 錢 2 圓 50 錢	台車 東埔山莊
第 2 日	東埔－八通關	4 里 19 町	6 小時	0 圓 2 圓 50 錢	徒步 警察派出所
第 3 日	八通關－新高主山 新高主山－八通關	2 里 19 町 2 里 19 町	3 小時 2 小時	0 圓 2 圓 50 錢	徒步 警察派出所
第 4 日	八通關－東埔	4 里 19 町	5 小時	0 圓 2 圓 50 錢	徒步 東埔山莊
第 5 日	東埔－水里坑 水里坑－臺中	10 里 17 町 20 里 0 町	4 小時 3 小時	3 圓 02 錢 2 圓 16 錢 1 圓 20 錢	台車 火車二等車 火車三等車

〔註 66〕林獻堂著，許雪姬、鍾淑敏主編，《灌園先生日記（八）一九三五年》（臺北市：中央研究院臺灣史研究所籌備處、近代史研究所，2004 年），頁 343。
〔註 67〕〈日月潭觀光團〉，《臺灣日日新報》，昭和 2 年（1927）10 月 15 日，第 4 版。

（二）次高山

日　數	出發及目的地	里　程	時　間	車費及住宿費	交通及住宿地
第1日	臺中－豐原	3里25町	30分	40錢 28錢	火車二等車 火車三等車
	豐原－土牛	2里30町	30分	45錢 30錢	火車二等車 火車三等車
	土牛－久良栖	9里33町	3小時	98錢	火車
	久良栖－明治	1里13町	1.5小時	2圓50錢	明治溫泉旅館
第2日	明治－達見	7里13町	7小時	0圓 2圓50錢	徒步 警察派出所
第3日	達見－平岩山	7里0町	7小時	同上	同上
第4日	平岩山－八合目	6里0町	6小時	0圓 2圓50錢	徒步 避難所
第5日	八合目－平岩山	7里18町	8小時	0圓 2圓50錢	徒步 警察派出所
第6日	平岩山－達見	7里0町	6小時	同上	同上
第7日	達見－明治	7里15町	6小時	0圓 2圓50錢	徒步 明治溫泉旅館
第8日	明治－臺中	同第一日原路折返			

（三）合歡山

日　數	出發及目的地	里　程	時　間	車費及住宿費	交通及住宿地
第1日	臺中－水里坑	20里	3小時	2圓16錢	火車二等車
	水里坑－埔里			1圓20錢	火車三等車
	埔里－眉溪	10里14町	2小時	1圓30錢	汽車
	眉溪－霧社	4里24町	3小時	1圓20錢	台車
		1里12町	1.5小時	0圓 3圓	徒步 櫻旅館
第2日	霧社－合歡	6里12町	7小時	0圓 2圓50錢	徒步 警察派出所
第3日	合歡山附近視察	3里	4小時	同上	同上
第4日	合歡－霧社	6里12町	6小時	0圓 3圓	徒步 櫻旅館
第5日	霧社－眉溪	同第一日原路折返			

資料來源：臺灣新聞社編，《臺灣を代表するもの》（臺中州：臺灣新聞社，昭和10年（1935）），頁971～977。

第六章　觀光活動下臺中州的地方發展與變遷

　　日治時期臺灣觀光發展導因於臺灣總督府所推行的各種政策，由於強大的國家權力介入，造就了臺中州適於觀光的環境。本章將從文化、經濟、地方認同三個面向，逐一探討日治時期觀光發展對於臺中州有何影響。第一節以臺中州的觀光發展為分析對象，探討日治時期地方特色與觀光文化的形成。第二節則從經濟層面探討地方產業與觀光發展的關係，如大甲帽蓆和南投陶。第三節說明觀光與人的關係，欲以臺中州的觀光實態為證，探討日治時期大眾觀光的萌芽形成了在地認同的基礎，促進地方意識的形成。

第一節　地方特色與觀光文化

　　日治時期的臺灣，透過觀光發展，地方特色逐漸成形，甚至移植至戰後。所謂地方特色，在此指藉由觀光發展而形成的地方形象。例如，從觀光的角度聯想，北投往往和溫泉鄉畫上等號；阿里山則為日出雲海；恆春則是鵝鑾鼻燈塔；花蓮為太魯閣峽谷等。這些地方特色的形成，其實奠基於日治時期的觀光發展並延續至今。透過觀光事業的推展，臺灣各地的特色漸漸定型，延續至戰後的臺灣。以本研究的對象臺中州為例，日治時期的觀光發展，使其產生何種地方特色；以何種形象躍上觀光舞臺；有哪些地方特色遺留至今，如何受到政治權力作用影響而被定型等問題，皆是本節欲解決的問題。

　　首先是產業臺中的形象。日治時期臺灣的觀光資源除了自然風景外，人

文方面的特色有以臺北為中心的文化臺灣；以臺中為中心的產業臺灣；以臺南為中心的歷史臺灣。〔註1〕臺中州在日治時期被視為產業觀光的中心，臺中市為臺灣總督府規劃的新興都市，不管是在產業、市區規劃都有一番新氣象。昭和 10 年（1935）年，趕上始政 40 週年臺灣博覽會之際的觀光熱潮，於東京出版的《臺灣介紹》一書，針對臺中州有詳細的產業觀光介紹。書中提及臺中州不僅物產豐富，富人也多。由於濁水、大肚、大甲、大安溪的泥沙堆積，培養了肥沃的農耕地，臺中州有許多著名的農產，如甘蔗、甘藷、米、煙草、鳳梨、香蕉、落花生以及柑橘等，甚至形容臺中州的製糖業聞名於世界。

　　該書並分別從臺中州各市街介紹產業狀態。首先是臺中州的入口豐原街，為著名的產米地，其境內有八仙山的森林業，製麻業的中心地；大甲街著名的則是以林投草、大甲藺草為材料的大甲帽蓆業，為臺灣巴拿馬工藝品的生產地，家庭工業非常興盛；臺中市則是在日本領臺之後急速發展的大都市，其原因則是其近郊產業的發達，市內的青果同業組合香蕉檢查所，規模甚大；彰化市則為純臺灣人的市街，日本內地人並不多，以生產彰化煙火而著名，伴隨著海岸線的開通，更加繁榮；員林則為柑橘的集散地，竹山則有桂竹林；日月潭除了美麗的湖景，臺灣電力株式會社並於該地經營發電廠。〔註2〕

　　但是不能忽略的一點是，產業形象往往是臺灣總督府展示治績的工具及教化的手段之一。尤以臺中市為日治時期之新興都市，更能突顯出臺灣總督府治下，臺灣都市發展之神速。大正 5 年（1916）張遵旭以福建省省長所派代表之名義，由福州乘新丸號至臺灣旅遊。途中即安排至臺北參加勸業會，遊淡水和北投，隨後至臺中、嘉義和高雄。在臺中參觀了物產陳列所、農會、水源工廠、米穀乾燥檢查所及帽子檢查所。〔註3〕觀其行程，全為產業觀光，考察意味濃厚。

　　再者，日治時期的臺中州以富有山林資源聞名。昭和 10 年（1935）始政四十週年臺灣博覽會之際，臺中州所設置的地方分館即為山岳館，展示山林

〔註1〕田村彰久，〈觀光事業と臺灣（一）〉，《旅と運輸》第 49 號（1939.11），頁 2。

〔註2〕井東憲，《臺灣案內》（東京市：殖民事情研究所出版，昭和 10 年（1935）），頁 46～54。

〔註3〕張遵旭，《臺灣遊記》（臺北市：大通書局：臺灣文獻史料叢刊第九輯，1987年），頁 3。

相關模型相片及遊覽資訊。昭和 12 年（1937）臺灣國立公園選定委員會中，著名的古生物學家早坂一郎曾主張爲了吸引從臺灣本島以外前來遊覽的觀光客，應該要將擁有熱帶臺灣獨有景緻，如珊瑚礁、熱帶雨林等的恆春半島一帶規劃爲國立公園。但此提議卻遭內務局長否定，強調山林能培養國民剛健思想，增進體育風氣。〔註4〕因此，臺灣成立的 3 個國立公園全爲山岳地帶，其中臺中州境內的能高郡及東勢郡被劃入「次高太魯閣國立公園」內，新高郡的部分地帶則被劃入「新高阿里山國立公園」。

　　隨著國立公園的被指定，官方與坊間各式旅遊書中山岳觀光的行程陸續被推出，對於風景的介紹也集中在山岳風景的描述，間接也影響了觀光客旅遊路線的選擇。而臺中州往往是進入山岳地帶新高山（今玉山）、次高山（今雪山）的入口，其境內又包含了兩座國立公園，因此受到注目。不過，臺中州位處（副）熱帶的臺灣，地當豐饒的臺中盆地、彰化平原，盛產香蕉甘蔗，這樣的南國景緻及熱帶資源被忽略，反倒是山岳風景被強調，是值得探究的問題。

　　從當時內務技師田村剛的演講中，可以得知臺灣國立公園設立的目的，主要是保護自然風景，以資國民保健、修養及教化之功用，以國民爲本位所設立的公園。〔註5〕但是，以山岳風景爲主所設立的國立公園，其設立背景並非如此單純，除了經濟考量，還牽涉到日本人對於山岳特殊的情感以及日本在近代化過程中對於自然的重新定位。

　　早期，山岳對於日本人來說爲神聖的象徵，往往和自然崇拜、敬祖的宗教觀相連。明治時期開始，日本大力吸收西方文明，學習一切科學人文新知，積極拉攏外國學者充實日本國力。這些採礦、測量、地質調查、植物研究等活動爲日本學術登山之先，使當時登山活動轉趨向學術性質，觀看自然的方式也從宗教神話、文學的角度轉向科學的角度。明治 27 年（1894）年，志賀重昂《日本風景論》的出版奠定大眾登山旅遊的風氣。該書以火山岩、氣候、海流、水蒸氣等地理學的術語，介紹日本的風景，並引用豐富的古典文學歌誦日本景觀過於歐美之處，用以宣揚國家主義。此書出版之際，適逢中日甲

〔註4〕神田孝志，〈觀光客のまなざしと近代リゾート〉，收於遠藤英樹、堀野正人編，《觀光のまなざしの転回——越境する觀光学》（日本東京：春風社，2004年），頁 79。

〔註5〕田村剛，《臺灣の国立公園》（臺北州：吉村商會，昭和 10 年（1935）），頁 5～6。

午戰爭勝利以及三國干涉還遼，在愛國情緒高漲的背景之下，一躍成為暢銷書籍，至明治 36 年（1903）已改版至 15 版，內容不斷增添修訂，對於青年學子極有影響力。〔註6〕志賀重昂並於該書提到：「山是自然界最富有趣味、豪健、高潔也是最為神聖的，應該要提倡登山風氣，大大地鼓勵。」〔註7〕並對日本山岳有詳細的紀錄，強調登山之必要，說明登山諸項注意事項，掀起了日本登山的熱潮。明治 38 年（1905），小島烏水等人所設置的日本山岳會即是受此書影響而成立，發行會誌「山岳」於全日本，為日本第一個民間山岳組織。〔註8〕

　　日本人將臺灣納入殖民地後，風景版圖也隨之擴大。由於理蕃政策的成功和登山探險的開拓，山不再是恐怖、不可親近。臺灣的山岳成為日本登山者的目標，過去只追求富士山那般的獨立山峰之美的時代已過去，臺灣山岳連綿的景緻為人所嚮往。〔註9〕由於日人對山岳景觀有特殊的憧憬，連帶影響到國立公園的設立位置，均指定於山岳地帶。尤其是新高山（今玉山）更象徵了日本帝國權力在臺灣殖民地的象徵，可透過當時的一首歌〈新高山〉看出端倪。

　　　　富士高嶺是日本國之干城，仰望不盡。新高山亦為高砂島之鎮石，
　　　　應仰望。我輩惶恐，撰寫大君之心。受賜之山名，更加成為高而尊
　　　　之山。新高山與富士山並列，比起新高山更加崇高的是大君。國民
　　　　仰望其稜威，島人仰望御影。〔註10〕

這歌曲道盡了新高山所被賦予的象徵性，它一如日本天皇的長在，一如日本天皇所代表的國家權威象徵。山長在，殖民國家之權威亦永誌不變。〔註11〕此外，國立公園指定在山岳地帶的部分原因，是為了滿足從日本前來遊覽的觀光客，並非以臺灣島民作為考量。南國熱帶的印象往往給人瘴癘之氣，對

〔註6〕林玫君，《從探險到休閒：日治時期臺灣登山活動之歷史圖像》（臺灣臺北：博揚文化出版社，2006 年），頁 131。

〔註7〕志賀重昂著，近藤信行校訂，《日本風景論》（日本東京：岩波書店，平成 7 年（1995），頁 203。

〔註8〕林玫君，《從探險到休閒：日治時期臺灣登山活動之歷史圖像》，頁 318、321。

〔註9〕山本三生，《日本地理大系：臺灣篇》，頁 107。

〔註10〕嘉義市玉川公學校編，《嘉義鄉土概況》（臺北市：成文出版社，1985 年），頁 225。據日本昭和 8 年油印本影印。

〔註11〕林秀姿，〈一個都市發展策略的形成：1920 年到 1940 年間的嘉義市街（下）〉，《臺灣風物》第 46 卷第 3 期（1996.09），頁 111～113。

於居住於溫帶的日本人來說並不適宜。山岳地帶能夠賦予日本人對於母國的想像，如溫帶的櫻花樹林、宛如富士山頂的山峰、舒爽宜人的溫度等，可讓日本觀光客一解鄉愁。

當時從日本至臺灣的旅行者高橋鏡子就曾讚揚阿里山的氣候，由於和日本相似，與臺灣炎熱的平地不同，所以周邊的植物和居民的身體狀況都和日本內地相似。〔註12〕時人的遊記，也留下記載：「位於臺中州八仙山附近著名的景點明治溫泉，在冬天會有紅葉，可消減日本入浴客歸鄉的心情。」〔註13〕昭和9年（1934）《臺灣日日新報》也曾為文指出，為達國民情操陶冶效果，除應加重人為的設施以外，更應講究自然的感化之途，主張臺灣島的櫻化。〔註14〕由此可知，日治時期臺灣的風景觀主要是樹立在日本人的認同之上。

因為，不管是來臺定居或是觀光的日本人，心中不免渴望在異鄉看到與家鄉相似的景物，一解思鄉情懷。所以，隨著殖民統治的展開，迎合日本人口味的飲食店相繼開張、日式住宅區陸續被規劃。日本人並於重點的觀光地帶，移植櫻花樹或是日本內地的果樹，試圖在臺灣營造出溫帶的景象。〔註15〕從這些小地方，可以看出原屬於臺灣人的生活空間正逐漸日本化。其影響所及，甚至連臺灣的風景特色，也因為日本人對於山岳風光的喜好，而漸漸被定型。此即為殖民統治下觀光對於被殖民文化所帶來的衝擊。

另外，臺中州也以糕點享有盛名。昭和10年（1935），臺灣新聞社主辦糕點人氣投票，當選的10個點心中，臺中州就占了4個。〔註16〕臺灣糕點製作雖由來已久，但在清朝時代，一般人的生活清苦，生計以農業為主，多為大戶人家的佃戶，平常吃不起糕餅，只有在特殊的日子才會買餅。〔註17〕糕

〔註12〕 神田孝志，〈観光客のまなざしと近代リゾート〉，收於遠藤英樹、堀野正人編《観光のまなざしの転回——越境する観光学》，頁76。

〔註13〕 陳石煌編，《樂園臺灣の姿》，頁210。

〔註14〕 〈臺灣島の桜化を提唱す（下）〉，《臺灣日日新報》，昭和9年（1934）3月30日，夕刊第3版。

〔註15〕 昭和11年（1936），臺灣國立公園臺中協會移植400株櫻花樹至東勢郡、能高郡和新高郡等國立公園的樞要地帶。臺中州，《昭和11年臺中州管內概況及事務概要》（臺中州：編印者，昭和11年（1936）），頁92。

〔註16〕 入選的十個點心分別是花蓮港街的花蓮芋、臺中市的名所羊羹、虎尾街的龍眼羊羹、彰化市的八卦蜜餞、沙鹿庄的沙鹿煎餅、豐原街的雪花中秋月餅、新竹市柑柑羊羹、臺東街栗子饅頭、新竹市的柿子餅、鳳山街的滋養糖。臺灣新聞社，《臺灣を代表するもの》，頁83～92。

〔註17〕 王正雄、廖月霞、蕭淑君主編，《餅圓探源：豐原糕餅發展史暨文藝季活動紀

餅，在當時對普通人來講是奢侈品，多作為地方上婚禮節慶時的禮品，只是名不經傳的點心，即使有知名度也僅限於地方或是達官貴人享用。

糕餅製作的發揚光大則是從日治時期開始。原因可以歸於日治時期觀光兼買伴手禮的風氣日漸普及於民眾，糕點作為禮品餽贈價廉又實惠，因此糕點的販售通路日廣，除了售至臺灣全島以外，也外銷至日本或滿州。至今，臺灣中部的臺中、彰化一帶仍以糕點製作聞名，許多有名的老舖皆成名於日治時期，如彰化玉珍齋、臺中豐原的雪花齋等。透過名菓的販賣，不僅帶來經濟效益，也使地方名聲日漲。促使糕餅業發達的另一個原因，則是臺灣總督府的獎勵製糕。日治時期，臺灣總督府為發展經濟，獎勵產業開發，糕點製菓的製造業也不例外。例如鹿港的鳳眼糕風味甚佳，當時日本治臺初期製造鳳眼糕者不過四、五人，營業規模不大，名聲未顯揚於世。但由於鳳眼糕的風味佳，與日本內地的白石糕相似，臺中廳有意獎勵此業，發展其銷路。〔註18〕日本人的統治對於豐原糕餅的發展，也有正面的影響，而且不容忽視。當時豐原設有麵粉工廠，使製餅的原料取得更為方便，對糕餅業的發展有很大的影響；豐原為八仙山、阿里山、太平山等三大林場的木材集散地，鋪有載運木材的小鐵路，交通便利，並設有營林所。由於其工作人員中很多日本人嗜吃糕點，因而開發出許多迎合日本人口味的「日本餅」，帶動當地糕餅產業的繁榮。〔註19〕

除了獎勵製糕以外，日治時期臺灣總督府為展示統治成果，常舉辦各式展覽會和品評會。由於「任何展覽，都是一種有作用的陳列，及有目的之展出等雙重意義存在。」因此，經常性的展覽，大致都有作用性和目的性的功能，如品評會、共進會、教育展覽會、衛生展覽會、產業展覽會、紀念性質展覽會等。其中品評會是最常見的展覽活動，規模雖不大，但在提升當時臺灣物產的品質，助益頗多，評比優劣是重點所在，其項目包括茶葉品評會、家畜品評會、甘蔗品評會、柑橘品評會、番產物品評會等。〔註20〕

除了上述品評會以外，當然也有屬於糕點菓子的展覽會，如明治42年臺

實》（臺灣臺中：臺中市立文化中心，1997年），頁37。

〔註18〕〈獎勵製糕〉，《漢文臺灣日日新報》，明治42年（1909）5月8日，第3版。

〔註19〕王正雄、廖月霞、蕭淑君主編，《餅圓探源：豐原糕餅發展史暨文藝季活動紀實》，頁40。

〔註20〕程佳惠，《臺灣史上第一大博覽會：1935年魅力臺灣show》（臺北市：遠流出版社，2004年），頁19。

南公館曾召開「糕餅品評會」，邀請臺中臺北及南部各地餅商與會；明治 44
年（1911）日本愛知縣商品陳列館舉行「全國菓子飴展覽會」等。〔註 21〕透
過展覽會和品評會的舉辦，刺激業者不斷地改良糕餅，開發新口味，造就了臺
中州製餅業的榮景。日治時期臺中州的糕點名產，大多為了迎合日本人的口味
而製作，並外銷至國外，傳統臺灣式的糕點則以供給島內所需為主。由《臺
灣的代表物》一書，可知當時臺中州內著名的糕點如表 6-1-1 所示。由該書的
資料內容可知，臺中州的名產點心有 18 樣，僅次於臺南州的 19 樣。〔註 22〕

表 6-1-1：昭和 10 年（1935）臺中州糕點名產

市街庄	糕　　　　　點　　　　　名
臺中市	臺中煎餅、芭蕉煎餅、木瓜糖、砧餅、名所羊羹、香蕉蜜餞、養老饅頭、雪芳糖
彰化市	八卦蜜餞
沙鹿庄	沙鹿煎餅
草屯庄	草屯蜂蜜蛋糕
鹿港街	鳳眼糕、石草糕、石花糕
埔里街	櫻花糖
豐原街	雪花中秋月餅
二水庄	香蕉羊羹
北斗街	花生酥糖

資料來源：臺灣新聞社編，《臺灣を代表するもの》，頁 81。

詳細探究這些名菓點心的種類，不乏臺灣傳統的中式糕餅，但大多為日
式糕餅。而日式糕餅店並非全由日人經營，有些是臺灣人看中糕點的商機，
採取中日合作方式販售。如沙鹿煎餅經營者王宏，鑑於當時沙鹿庄有製糖會
社，大肚有製紙會社，梧棲正擬議建新高港及煉油廠，清水設有郡役所，勢
必移住大量日人，為迎合日人口味，於沙鹿庄新街（今沙田路）創設「萬香
齋」，引進西式糕餅的製造技術，並與日本著名的森永、明治製菓會社結為特
約盟店，頗獲日人好評。時萬香齋所製西式糕餅，因品質優良，信用可靠，

〔註21〕〈糕餅品評〉，《漢文臺灣日日新報》，明治 42 年（1909）4 月 24 日，第 4 版；
　　　　〈全國菓子飴展覽會〉，《臺灣日日新報》，明治 44 年（1911）7 月 23 日，第
　　　　5 版；臺灣新聞社，《臺灣を代表するもの》，頁 83～92。
〔註22〕臺灣新聞社，《臺灣を代表するもの》，頁 80～82。

經常供不應求。昭和 8 年（1933）更自行研製「沙鹿煎餅」，頗獲大眾喜愛，日人經常購買為贈答禮品，受此鼓勵，至日本參展，榮獲「壹等獎」獎狀及金牌，而使聲名大噪。〔註 23〕

有些臺灣人經營的餅店，技術則是向日本人習得。如創立於大正 3 年（1914）的「德發菓子」，由江得夫婦所創，其製餅技術部分是向日本人學習而來。最先是以製作煎餅（俗稱日本餅）、麻糬及年節糕點為主，強調純手工製作，因受日本人影響，口味上甜度較高，產品也耐保存；「秋月堂菓子鋪」創始人楊勝達 16 歲即在日本當學徒，出師後回到臺灣，潛心於月餅、禮餅等漢餅製作，戰後更引進日本技術及機器，使品質更上一層樓。〔註 24〕

至於臺灣的傳統餅舖，是以雪花齋、玉珍齋、鄭玉珍等餅舖最為知名。「鄭玉珍餅舖」之創始人為鄭槌，光緒年間，支身渡海來臺，帶著一身糕餅好手藝與鹿港黃姓商人合作，成立「玉珍齋」餅舖，開創鹿港名產——糕餅茶點的新天地。後來因故拆夥，鄭槌在隔壁另開鄭玉珍餅舖，生意興隆，遂奠定後來鄭玉珍名號。鄭槌由於糕餅手藝技巧高超，所作的糕餅口感絕佳，更能創新口味，其間創作出有名的糕餅，如鳳眼糕、豬油粩、石花糕。並於明治40 年至大正年間，參加全國名產調查會，全國飲食糧品品評會榮獲金牌賞，其得獎獎牌如照片 6-1-1 和照片 6-1-2 所示。

照片 6-1-1：大正 15 年（1926）　　　照片 6-1-2：大正 15 年（1926）
「鄭玉珍餅舖」之鳳眼糕獎狀　　　　「鄭玉珍餅舖」石花糕獎狀

圖片來源：鄭玉珍餅舖網站，http://www.jyj.com.tw/jyj2009/history.php（2009/01/14）

〔註 23〕 王仲孚總編纂，《沙鹿鎮志》（臺灣臺中：沙鹿鎮公所，1994 年），頁 654。
〔註 24〕 王正雄、廖月霞、蕭淑君主編，《餅圓探源：豐原糕餅發展史暨文藝季活動紀實》，頁 45～46。

　　除了「鄭玉珍餅舖」以外，臺中豐原街的「雪花齋餅舖」，創立於明治 33 年（1900），至今仍享有盛名。由呂水所創立的「雪花齋」店名之由來，源於「花香天下中秋桂，雪映莊前臘月梅」這句對聯，由當時豐原地方士紳文人於呂水創業之初所相贈。原欲以桂、梅之精神意涵比喻呂水，嗟嘆意境美中不足之際，由劉曉屯先生靈機一現，大筆一揮，「雪花齋」店名於焉誕生，成爲地方的一段佳話。以下是呂水的後嗣接受口述歷史專訪所留下的紀錄：

> 日據時代的大正 14 年於臺中舉辦的「臺灣區糕餅展」中，家父以其拿手絕活「雪花餅」、「冰沙餅」參展送審，經評審結果，兩項均榮獲「銅牌」大獎。在日本人統治下的臺灣，當時的中國月餅稱爲「漢餅」或「蜜餞」，一切生殺大權握在日本人手中，臺灣人能製作中式月餅參展已屬不易，金、銀牌獎非日商莫屬，能得銅牌已是破天荒的大喜事了。〔註25〕

由於品評大會的舉辦，獲獎商家的知名度大增，臺中州的糕餅聞名全臺。這些糕餅，也流傳至今，成爲鹿港名產的由來。除了透過參展獲獎以打開知名度，有些糕點則是在設計上和觀光景點相結合，附加以地方特色，藉以宣傳。如臺中市的「名所羊羹」，即爲日人水田狂二所經營的糕點舖「笙月」苦心研發出的臺中名產。羊羹的味道及包裝以臺中州內知名觀光地霧社的「朝櫻」、日月潭的「夕陽紅葉」、后里的「夜梅」爲主題，遠近馳名；八卦蜜餞則是由福合成商會所生產，蜜餞特別配合八卦山的名稱，將八種不同蜜餞放入盒中販賣，分別是西瓜糖、蜜佛手柑、蜜明姜、蜜柑蜜餞、木瓜糖、鳳梨蜜餞、文旦糖及蜜天文冬八種蜜餞。〔註26〕

　　這些著名的糕點在日治時期，成爲觀光客的伴手禮。許多觀光客至臺中州一遊，不忘帶個地方特產返鄉，聊表心意。但是，殖民治下的臺中州糕點製作，卻不完全爲地方產物，反而抹上了日本色彩。這是因爲當時的販賣對象以日本而來的觀光客爲主，在口味上必須要迎合日本人。因此，除了臺中州以外，全臺各地多出售有煎餅（仙貝）、羊羹、日式饅頭等名產。此點也反映了殖民體制之下，臺灣漸漸被同化於日本，己身的面貌反而趨向模糊。

〔註25〕臺中市立文化中心編，《中縣口述歷史——第二輯》（臺灣臺中：編印者，1992年），頁 152。
〔註26〕臺灣新聞社編，《臺灣を代表するもの》，頁 87。

　　除了地方特色的定型以外，日治時期在觀光文化方面受到殖民統治的影響，而有了改變和創新。以下分別敘述之。

一、溫泉文化與海水浴場

　　日治時期的臺中州，最著名的溫泉地為明治溫泉、彰化溫泉與東埔溫泉。由於受到日人泡溫泉的習慣影響，臺灣人也漸漸接受此外來文化。日治時期，臺灣代表性的文壇名人賴和，於行醫之暇常與友人至八卦山上之「彰化溫泉」洗浴。由此可知，溫泉已經普及到臺人社會。〔註27〕而溫泉文化並未隨著日本結束臺灣統治而宣告終結，原本的明治溫泉一帶為現今臺中市谷關溫泉，泡湯之風仍盛行於臺灣。

　　事實上，在明治28年（1895）日本領臺以前，臺灣的溫泉資源主要是被清朝官方利用為硫礦的開採製作，僅有少數的原住民和由中國移民來臺的漢人知道利用野溪的溫泉療傷和在農閒時的保養。此外，居留在臺的外國人士也在溫泉地內開設俱樂部或醫院，利用溫泉作為入浴娛樂及疾病治療的場所。當時的溫泉仍未被大眾廣泛利用的主要原因，乃是臺灣住民普遍對於溫泉的認識不足和缺乏入浴習慣。當時任職於臺灣總督府民政局警務部門的佐倉孫三，就其所見所聞留下這樣的紀錄：「臺人不好湯浴。塵垢充體，則以湯水洗拭手足耳。是以身體常有異臭。」。〔註28〕於是臺灣豐富的溫泉資源在日本治臺以後才開始被發揚光大。

　　日治初期，政情仍未安定，臺灣總督府不斷地在全島各地進行接收任務，而臺灣惡劣的衛生環境與風土疾病卻引發傳染病的疫情。因此，日軍設立各地臨時的「兵站院」醫治傷病兵，並在溫泉湧出地進行環境地理位置的視察及泉質的檢測，利用溫泉資源設立「病院」及「軍用療養所」提供軍人療傷治病的場所。

　　此時的臺灣總督府也猶恐於惡疾的肆虐對殖民地業務造成不良的影響，而陸續在各市區地開設一般病院提供社會大眾就醫，甚而有的病院在報上刊載強調該院提供有「溫泉醫療」。由於當時醫療資源處於供不應求的狀態，於是眼明手快的民間業者開始在溫泉地及市區中經營以溫泉療養治病為訴求的「浴場」及「旅館」。此舉不但讓初到來臺的日籍民眾也有利用溫泉治療患疾

〔註27〕康原編輯，《影像中的彰化》（臺灣彰化：彰化縣文化局，2000年），頁19。
〔註28〕佐倉孫三，《臺風雜記》（臺灣南投：臺灣省文獻委員會，臺灣歷史文獻叢刊，
　　　　1996年；原刊於1903年），頁21。

的機會，並也享受到心靈的安慰。

　　由於臺灣的溫泉資源在領臺初期時廣被官方做爲軍事醫療使用，加上當時的民營溫泉浴場及旅館的收費昂貴，不是一般民眾可以負擔消費的，於是溫泉地內的住民男女自行在溪谷中露天混浴，此舉因有礙社會善良風氣而遭警查取締。此事件因此受到社會福利事業的關切，開始有計畫的在溫泉地內建設屬於社會福利設施的「溫泉公共浴場」。臺灣總督府衛生課希望藉由公共浴場推廣社會大眾衛生的觀念和習慣，以有效降低疾病傳染。而當時的總督府亦認爲利用具有天然療效的溫泉開設「公共浴場」是最好的選擇。〔註29〕於是大正年間臺灣的溫泉地在經過地理位置、人口及交通等諸項條件的評估之後，選擇適合的溫泉地進行「公共浴場」的建設。此舉不但改善民眾入浴的環境及方式，同時也開始吸引大量的溫泉客造訪。

　　其中鐵道的開通對溫泉地蓬勃發展造成最大的影響，鐵道部利用其每期發行的刊物介紹鐵道沿線溫泉旅遊相關資訊，以吸引溫泉客的乘車率來增加營運的收入，更因此奠定了許多溫泉地發展的契機。於是官僚資本的俱樂部及民營的料理屋、飲食店、包車業等相關的服務業開始大量的出現，造成溫泉業者空前的相互競爭，進而迫使老字號的浴場及旅館等進行空間的增設與擴建、經營服務的內容也朝更多元化的方式經營。

　　此後，臺灣的溫泉地仍繼續伴隨著交通、觀光等的政策推展，朝向休憩娛樂的方向建設發展，並結合附近的名勝史蹟及公園、高爾夫球場等相關娛樂設施，使溫泉地成爲觀光旅遊行程中的主要據點。直到昭和16年（1941）由於戰爭的關係，日本政府下令全國民眾停止所有的娛樂活動，於是臺灣溫泉地的繁榮景象便頓時暫告停止。〔註30〕

　　臺灣人對溫泉概念的轉變，深受日本殖民政府之影響。以溫泉文化內容的變化來論，造成其改變的因素，政治及文化的因素遠大於經濟結構的變化，日本政府將明治維新以來所學習到的休閒活動推廣到臺灣來，實有衛生及文化主觀的考量。溫泉象徵的潔淨概念一方面傳輸了日本的衛生觀念；另一方面也在不知不覺之中，塑造出一種屬於日本的文化經驗。這種文化經驗一方面強化了作爲統治階級優越地位的意識形態，鞏固他們對母國與天

〔註29〕吳美華，〈日治時期臺灣溫泉建築之研究〉（臺灣桃園：中原大學建築研究所碩士論文，2001年），頁9。

〔註30〕吳美華，〈日治時期臺灣溫泉建築之研究〉，頁10。

皇的效忠；被殖民的臺灣人則受到這種文化經驗的影響，進而對殖民者產生認同。

溫泉成了這種意識形態的宣傳工具，將日本文化和階級觀念引進臺灣，建構出新秩序和文化。爲了將溫泉文化經驗和「同化」融爲一體，日本政府極力呈現溫泉休閒活動的優雅和舒適。對臺灣社會而言，溫泉休閒文化既是由日本殖民政府所引進的，其背後所呈現的政治控制過程將更重要。〔註31〕

除此之外，海水浴場的作用也和溫泉有著異曲同工之妙。海水浴最早可以追溯至希臘時代，同時期的中國古籍也留下相關紀錄。直到19世紀初，在英國由於醫界提倡海水浴的醫療保健效果，一時之間謂爲風尙。1880年代，也由於德國人提倡海水浴的小兒科療法，致使全歐各地掀起了一股海水浴熱。

日本方面，雖自古以來即有浸泡海水的紀錄，但是近代化的海水浴場的產生則要等到明治20年（1887），當時的陸軍軍醫松木總督在日本的神奈川縣大磯避暑旅遊時，提議當地設立海水浴旅館。自此以後，日本的湘南海岸的海水浴場如雨後春筍般被設立，並擴至關西後流行至全日本。〔註32〕

海水浴場之風氣也從日本傳至殖民地臺灣。當時，海水浴場作爲社會事業被推廣。官方甚至形容：「在常夏的臺灣，一年有四分之三的時間都是夏季般炎熱，因此海水浴場是保障人生的預防措施。」〔註33〕因此，海水浴場在臺灣總督府的引進下，設立於臺灣沿海各地，成爲臺灣民眾在炎炎夏日另一個休閒娛樂的場所。

二、都市休憩空間的形成

日治時期，都市中最普遍的休憩空間以公園爲主，臺中州下的臺中公園和彰化公園同時也是觀光名勝所在地。相對於商業性的、有組織的文藝與康樂活動，公園應是與一般民眾最親近的日常休閒設施。直到1970年代以前，公園是最重要的人造休閒設施，且與日常生活的關係既直接且密切，是城居男女老少平常休閒與公眾活動空間，也是鄉下人進城時休息與遊玩

〔註31〕黃玉惠，〈日治時期休閒景點北投溫泉的開發與利用〉（臺灣桃園：國立中央大學歷史研究所碩士論文，2004年），頁4。

〔註32〕羽生國彥編輯，〈海水浴の起原〉，《旅と運輸》第21號（1938.09），頁19。

〔註33〕杉山靖憲編，《大甲郡の地方色》（臺中州：大甲郡役所，昭和4年（1929）），頁27。

的去處。公園在臺灣的街市中，具有極特殊的休閒遊憩地位和功能，在市街的空間組織和日常生活中，是極爲有限而平民化的開放性、日常性公眾空間。〔註34〕

　　但事實上，日治以前「公園」的概念並不存在。〔註35〕在早期的漢人社會，廟前廟埕通常是唯一的公共空間。這是由於臺灣從鄭成功時代開始，中國移民愈來愈多，不同祖籍的移民聚成不同的思想，信仰成爲民眾凝聚的力量，而寺廟成爲共同生活中心，也是精神團結的象徵。日後城市繁榮擴展時，也以廟爲中心擴散。當時雖然有所謂的庭園，但其所指的是富豪在自家內部興建的休閒空間，四周圍起高牆，阻隔了一般百姓。

　　臺灣最早的公園源於日本統治初期，日本之有公園又與積極西歐化相關連。明治天皇就位不久，個人就率先歐化，穿西褲、剪髮、吃牛肉。明治6年（1873），太政官（相當於行政院）移植西方的做法，公告「從民眾原就喜愛的社、寺、名勝古蹟等上等土地，劃爲官有免租的公園」，日本有了最初的公園；東京的淺草寺蛻變成淺草公園，著名的上野公園前身爲寬永寺，芝公園則由增上寺變遷而來。規劃公園的風氣也從日本傳至殖民地臺灣，到昭和9年（1934）底，全臺主要公園已有23處。〔註36〕

　　公園的使用者和活動是紛雜而自發的，但公園的興建卻是政治規劃的結果。日治時期，臺灣總督府透過「市區改正計劃」以及後來的「都市計劃」將公園等設施規劃在臺灣都市設計的藍圖裡，爲改善殖民統治階級的居住環境和公共衛生外，還帶有社會控制的意味。公園設施之受重視，一方面乃是殖民體制之自然產物，即殖民地官員作爲政治支配者，須建立其自身之安適的生活基礎；另一方面統治者規劃公園，以神社、武德殿等統治意識形態的象徵物配合興建於公園內，作爲強化統治意識形態的一種工具。這是由於公園爲一般民眾最容易親近的休閒設施，臺灣總督府除了在公園內興建神社作

〔註34〕張人傑，《臺灣社會生活史：休閒遊憩、日常生活與現代性》（臺北縣：稻鄉出版社，2006年），頁165。

〔註35〕英文的「公園」，最早的字義跟現代不同，意指王侯貴族富商獨佔使用的狩獵場和大庭園。除非獲邀，擅入者不被處死，也會遭到嚴厲的懲罰。一直遲至19世紀中期，封建制度崩解，市民要求開放，「公園」才注入「公共」一詞的意涵，並成爲近代都市結構中不可缺乏的元素之一。英國著名的海德公園就是這樣來的。陳柔縉，《臺灣西方文明初體驗》（臺北市：麥田出版社，2005年），頁154。

〔註36〕陳柔縉，《臺灣西方文明初體驗》，頁154、159。

爲宗教上的統制外，也同時於公園內設置許多統治元勳的雕像及政治標語，展示強化統治階級的權力，並強化對臺灣人民意識形態的教化。

　　日本統治過後留下的具象或無形的事物，遠超過現今臺灣一般民眾所認知與了解。從觀光的角度研究臺中州的例子，可以得知臺中州以產業、山岳和糕點等形象爲名，無疑是透過國家權力將地方導入觀光脈絡而形成所謂的地方特色。但是，原本以經濟利益爲導向的觀光，卻間接促進了地方產生一個自我認同的指標。在殖民統治之下，新的觀光文化儼然成形，如溫泉文化、海水浴場。此外，近代化的都市休憩空間形成，戰後臺灣的公園建設架構也循著日本時代的計劃開展。國家公園如此，建於日本之手的臺北、臺中、臺南及嘉義各都市公園也如此，戰後至今更是都市發展的核心原點。〔註37〕

第二節　地方產業與觀光

　　觀光活動所帶來的正面衝擊，以經濟層面居多，直接自觀光收入獲取利益的產業包括：(1)住宿業；(2)旅客運輸業或旅行業；(3)旅行必需品、紀念品、手工藝品、宗教物品等的製造業；(4)娛樂與文化設施；(5)專門的服務業，如領隊、導遊、翻譯員等。〔註38〕除了第 5 點以外，其他項目均與地方產業習習相關。由於第 2 點與第 4 點，已於前章論述，本節將就日治時期臺中州的餐飲旅館業以及觀光土產製造業進行論述。

一、餐飲旅館業

　　臺灣最早的旅館設施可追溯至荷據時期，在臺南的安平港或是臺北淡水港，設有荷蘭人所經營的簡易住宿設施，稱「番仔間」。鄭氏治臺時期，荷蘭人勢力被驅逐，「番仔間」多由漢人經營管理。由於商人俗稱「販仔」，「番仔間」的稱號也漸漸改變爲「販仔間」，但是設備仍舊簡陋。而所謂的「客棧」則是在清領時代從中國引入臺灣，提供前來貿易的中國商人簡單的食宿。在安平港、淡水港等港町，基隆港、打狗港（今高雄）、鹿港、臺南、艋舺、大稻埕等市集以及淡蘭公路、北橫公路及南橫公路沿線設有許多客棧。〔註39〕

〔註37〕陳柔縉，《臺灣西方文明初體驗》（臺北市：麥田出版社，2005 年），頁 159。
〔註38〕楊明賢，《觀光學概論》（臺灣臺北：揚智文化事業公司，2002 年），頁 227。
〔註39〕張朝服，〈臺湾における外国支配勢力による観光事業への影響〉，《立教観光学紀要》第一號（1999），頁 37～38。

　　總括來說，日治以前，臺灣並無完善的旅館設施，行人大多只能借宿庄社，甚至露宿野外或在廟宇騎樓下過夜。清康熙36年（1697）來臺採辦硫磺礦的郁永河，從臺南一路北上，從其當時的著作《裨海紀遊》裡，可知郁永河沿路不是投宿於番舍就是住軍房，並沒留下漢人旅舍的相關記載，但給予牛罵社的番舍頗高的評價。其為文描述借住於牛罵社番舍的情況：「值雨過殊濕，假番室牖外設榻，緣梯而登，雖無門闌，喜其高潔」〔註40〕，由此文可知郁永河借宿於高腳「杆欄式」建築的番社，因此可以避開潮濕，喜其室內之整潔。

　　馬偕（G. L. Mackay）也曾在他所著的《臺灣遙寄》中描述他從淡水到中部的大社、埔里社一路所見所聞。同治11年（1872）三月從打狗（今高雄）搭船到淡水，在淡水下船後，一行3人很容易就顧了2位挑夫，從渡船頭搭小船到八里後再步行，到傍晚走到中壢，然後找一家最好的旅館住下來。由此可以想像當時中壢應該有很多家旅店可以挑。旅店面臨大街，是用土确蓋成的小平房。他們住的房間又狹又小，除了睡床外已無立錐之地。房間裡沒燭臺或桌椅，床上無床單，而用草蓆代替。每條草蓆都因幾年來苦力吸食鴉片而骯髒不堪。房間無窗子，牆壁污穢發霉。草髓燈的燃料是花生油。房間瀰漫著令人發昏的鴉片烟味，豬臭以及發自整個屋子的奇臭。〔註41〕從此文獻可窺知當時旅館環境之惡劣。直到日治初期，任職於民政局警務部門的佐倉孫三也曾有下列記錄：

> 臺島無旅館。非無旅館，無足宿者也。今夫臺北市者，城之內外，戶不下七、八千，而旅館甚少。偶有之，陋隘不潔，如我所謂木賃宿。是以臺人旅行，大抵宿知友之家，或購薪米而自炊，甚則有攜寢具、食器者。〔註42〕

由此可知，一般百姓仍然習於住宿朋友家，甚至要自備柴火炊煮，更甚者鍋碗瓢盆和棉被等家當也隨身攜帶。從如此克難的情況，可以推斷日治初期臺灣觀光業之不發達，並沒有上的了檯面的旅館。而這種情況，一直到日治時期才有了改善。隨著觀光旅遊之風盛行，餐飲旅館業因而興起，講究服務和

〔註40〕郁永河，《裨海紀遊》（臺灣南投：臺灣省文獻委員會，臺灣歷史文獻叢刊，1996年；原刊於1736年），頁19。

〔註41〕喬治馬偕（George Leslie Mackay）、麥克唐納 J. A. Macdonald 編，林耀南譯，《臺灣遙寄》（臺灣南投：臺灣省文獻委員會，1959年），頁22。

〔註42〕佐倉孫三，《臺風雜記》，頁20。

旅客第一的旅館經營方式也隨著日式旅館的開張引入臺灣。

表 6-2-1：昭和 10 年（1935）臺中州主要的旅館

	旅館名稱	旅館與車站或汽車搭乘處的距離（公尺）	住宿費用（圓）
臺中市	春田館 千代乃家	440 110	4.00 4.00
豐原街	安樂旅館	350	2.50
東勢街	清原館 池田館	80 200	1.50～2.50 1.50～2.50
清水街	一文字旅館	750	2.00～4.00
大甲街	富屋	225	1.50～3.50
彰化街	彰化旅館 千代乃家支店	18 220	2.00～3.50 3.00～5.00
鹿港街	山口屋	950	1.20～1.50
員林街	高砂旅館 員林旅館	70 145	2.50～4.00 2.50～3.50
北斗街	北斗旅館 富山旅館	無記載 800	2.00 2.00
南投街	南投旅館 松原館	545 735	3.00 2.50
集集庄	集集館	440	2.00～4.00
埔里街	日月館 埔里社館	870 735	2.50～6.00 2.00～3.00
竹山庄	新盛館	無記載	2.50
水　社	涵碧樓	無記載	2.50～5.00
霧　社	櫻旅館	無記載	2.00～3.50

資料來源：臺中州編，《昭和 10 年版臺中州概觀》（臺中州：編印者，昭和 11 年），頁 167～173。

　　臺中州早期旅館多為日本人所經營，比較老字號的如「春田館」為田中貞熊創立於明治 36 年（1903），位於臺中市中心，房間數多，是許多紳商高官常利用的旅館；千代乃家創立於明治 37 年（1904），由於距離臺中火車站非常近，服務良好，規模日漸擴大，並於彰化街開設分館；埔里街日月館創

立於明治 43 年（1910），該館主人亦爲日本人，生於名古屋後渡臺任職於番務課，退休年金到期之後即經營此旅館。〔註43〕

　　除了上述日本人開設的旅館以外，也有臺灣本地人所開設的旅館，依據昭和 16 年（1941）的資料統計，臺中市由臺灣人所開設的旅館有 14 家之多，和日本人經營的旅館數量不相上下。〔註44〕而由今竹山鎮耆老黃英輝的口述紀錄可知，當時臺中州竹山郡的旅館，每天晚上必須將旅客名單送至當地派出所備查，每月亦須造月統計表送派出所。〔註45〕由此可知，日人對於地方社會監控甚嚴，派出所可清楚掌握外來住客的人數和名單。

　　除了旅館業，餐飲也趨向多元化，不僅提供當地居民外食的多樣選擇，也給予觀光客在旅遊時餐飲上的方便。以臺中市爲例，除了專門的日本料理和臺灣料理店以外，還有各式咖啡店、小型餐飲店。類似這樣的餐廳、咖啡館等餐飲業，成爲當代社會公共空間的一部分。隨著鐵路的普及，人們的移動性增強了，因此可提供食宿的設施愈發重要，爲觀光客提供最便利的服務。

二、觀光土產製造業

　　「購物」是觀光活動中，樂趣的一部分。雖然購物並非常常是觀光旅遊的主要理由，但常是行程成功的重要因素。觀光客在購買到不尋常的禮物、紀念品和私人用品時，是一種享受，而當其發現當地無物可選購時，常會感到失望。事實上，零售產品有時對觀光目的地具有宣傳的作用，尤其是紀念品、手工藝品、藝術品等。而觀光旅遊者欲獲得當地風味之產品的願望，可替當地帶來就業機會及外匯，並有助於保留當地的藝術風格與文化。〔註46〕

　　日治時期臺中州觀光發展的同時，地方上也有許多名產配合銷售，作爲觀光邊際效益的一環。由表 6-2-2 可瞭解昭和 10 年（1935）臺中州下，各市郡街的名產。

〔註43〕泉風浪編，《臺中州大觀》（臺中州：自治公論社，大正 11 年（1922）），頁 16 ～25。

〔註44〕臺中商工會議所編，《臺中商工案內》（臺中州：編印者，昭和 16 年（1941）），頁 123～125。

〔註45〕陳哲三總編纂、張永楨編纂，《竹山鎮志：交通志》增修版（臺灣南投：竹山鎮公所，2002 年），頁 1122。

〔註46〕劉修祥，《觀光學導論》，頁 134。

表 6-2-2：昭和 10 年（1935）臺中州名物與土產一覽表

市郡街名	名　　產	價格（圓）
臺中市	漆器：蓬萊盆 點心類：臺中煎餅 　　　　養老饅頭 　　　　雪芳糖	1.00～3.50 1.00～2.00 0.10 起 1.30
豐原街	水果：豐原椪柑 點心類：豐原蜜餞 　　　　雪花中秋月餅	一斤 0.10 一斤 0.25 一斤 0.4
東勢街	番產品：牛角 　　　　番刀 　　　　石虎皮 　　　　番布	0.40～0.50 3.00～4.00 1.50 上等 2.00～3.00；普通 1.00
清水街	帽子：捻帽 　　　玻璃紙帽	0.80～5.00 0.80～5.00
大甲街	帽子：大甲帽 　　　棕櫚巴拿馬帽 　　　林投帽 　　　玻璃紙帽 大甲藺製品：拖鞋鞋底 　　　　　　坐墊 　　　　　　墊蓆 　　　　　　捲菸草包 　　　　　　名片夾 　　　　　　手提袋	0.80～2.00 3.00～10.00 2.00～4.00 1.00～5.00 0.80～8.00 8.50～60.00 22.00～150.00 0.50～5.00 0.80～1.50 4.00～15.00
彰化市	點心類：八卦蜜餞 　　　　彰化蜜餞 　　　　八卦饅頭 　　　　鑛泉煎餅 　　　　花火饅頭 　　　　鳳梨果汁 　　　　鳳梨糖 　　　　鳳梨羊羹 　　　　木瓜糖 　　　　木瓜羊羹	0.50～1.50 0.50～1.00 1.00 0.90 1.00～2.00 0.60 0.60 0.20 0.20 0.20
鹿港街	食品：西施舌 　　　烏魚子 點心類：鳳眼糕 　　　　龍眼糕 　　　　石花糕 　　　　豬油佬 線香：椅楠線香	600 克 0.18 600 克 2.20 0.50 0.50 0.50 0.90 0.50

員林街	水果：員林椪柑 香蕉 鳳梨	1 公斤 0.12 1 公斤 0.05 1 公斤 0.04
北斗街	點心類：花生糖 香蕉製品：香蕉美容精 香蕉醋	0.50～0.70 0.50 1.00
南投街	食品：龍眼乾 陶瓷：南投陶（容器）	--- ---
埔里街	番產品：蝴蝶標本（柱子掛飾） 蛇皮製品 印刷版	1.50～5.00 0.30～2.00 0.40～5.00
竹山庄	食品：乾筍 竹製品：竹筷 竹蓆 扇骨	一斤 0.33 0.38～0.60 一尺 0.80 ---

資料來源：臺中州編，《昭和 10 年版臺中州概觀》，頁 167～173。
說明：---代表無資料。

　　除糕餅點心外，臺中州內以「南投陶」〔註47〕、「大甲帽蓆」最爲著名，
不但被視爲臺中州的名產，甚至推向國際。據《臺灣日日新報》記載，明治
36 年（1903），苗栗廳一行人至大阪參觀博覽會，當中有人攜帶「大甲帽蓆」
〔註48〕千餘件至當地銷售。〔註49〕明治 44 年（1911），東京大和新聞社提倡
舉行納涼博展會，於 8 月 17 日將臺灣製品大甲帽、大甲蓆、大甲坐墊，以及
其他大甲雜製品等，以船運至日本展覽。〔註50〕大正 5 年（1916）共進會除

〔註47〕 南投陶起源於清朝嘉慶元年（1796）開始設窯生產的，草創之初，是使用貓
　　　　羅溪流於的沖積平原，一個地名爲「牛運堀」這地方的低地黏土爲原料，燒
　　　　製磚瓦，解決早期先住民住的問題。到了道光元年，因爲市場的需要，已經
　　　　發展到有頭、中、尾三座窯，燒製各種日常生活陶器，至咸豐年間已具有規
　　　　模。南投縣立文化中心，《邁向現代陶之路：南投陶二百年專輯》（臺灣南投：
　　　　編印者，1995 年），頁 6。
〔註48〕 大甲帽蓆雖冠上「大甲」，但以苗栗縣的通霄、苑裡種植最多。昔日在海線鐵
　　　　路尚未修築的年代，中部沿海鄉鎮所生產的帽蓆均集中於大甲，透過大安港
　　　　出口外銷到世界各國，或者是透過糖廠鐵路運至后里，再藉由山線火車運至
　　　　各地。於是產品遂以集散地大甲爲名，稱「大甲帽蓆」。王振勳總纂，《苑裡
　　　　鎮志》（臺灣苗栗：苗栗縣苑裡鎮公所，2002 年），頁 959。
〔註49〕 〈苗栗觀光〉，《臺灣日日新報》，明治 36 年（1903）5 月 20 日，第 4 版。
〔註50〕 其餘物品，尚有竹器、苧麻布、鳳梨布、林投帽、巴拿馬棕櫚、林投雜製品
　　　　以及烏龍茶、包種茶、紅茶等，共計 25 件。〈本島納博出品〉，《臺灣日日新

了展出南投廳的農林產物、鳥類標本以外，南投陶也是展物之一。〔註 51〕這些地方產業和觀光產生連結，透過宣傳行銷，帶來可觀的經濟利益。而地方的名聲也隨著商品的販售，宣揚至各地。因此，土產名品往往成為地方的精神中心，民眾引以為傲的指標物，促進地方凝聚力。不能忽略的是，觀光土產製造業的發展和臺灣總督府的經濟政策息息相關。

日治時期臺灣總督府對殖民地的一切建設，是以母國所用為最終目的，首要之務為經濟開發。隨著經濟方針的制定，地方製造業也漸漸抬頭，成為地方上的名產，臺中州的「南投陶」則是典型的例子。南投陶的發展由明治30 年（1897）南投辦務署長矢野武平擬定發展方針。明治 34 年（1901）南投廳長小柳重道秉承了矢野武平的南投陶窯業發展計畫，設置了技術者養成所，開啟了南投陶的曙光。此期臺灣總督府撥了 1,500 圓的補助金外，並向日本愛知縣常滑市，聘請陶器技術師龜岡安太郎，及設置技術者養成所，一方面教導學生製作精緻陶器的技術，以培養優良的技術人才，另方面更改進陶器的製作品質，增加生產，擴展銷路。因為有政府的輔助與輔導，不出幾年，因陶製品有相當水準的品質，所以銷售量直線上升，名氣也遍傳各地，在全國享有相當高的知名度。〔註 52〕可惜的是，在明治 40 年（1907）補助金停止撥放後，陶瓷的資源漸轉入北部。因此，明治 34 年（1901）至明治 40年（1907）為止的這 6 年中，正是奠定整個南投陶產業基石的年代。

從文獻資料可知，當時代表這個產業的是由劉樹枝所做的產品為主，而劉樹枝的作品深受其師龜岡安太郎的影響，作品不但帶有東洋風格亦融合了本地傳統的製陶技巧，因此有別於南投當地的傳統手藝。劉樹枝為了對產品負責，會在器底蓋上「南投燒」或「臺灣南投」的印款。因為品質受到肯定，所以先是在南投郡物產陳列館聚芳館展示。等到作品因製作精巧雅緻，頗受消費者激賞時，便代表臺中州名產在臺中州物產陳列館陳列。昭和 10 年（1935）「始政四十年博覽會」時，劉樹枝的「南投陶」更代表臺中州的產業被推向了國際舞臺。〔註 53〕

報》，明治 44 年（1911）8 月 16 日，第 2 版。

〔註 51〕〈南投廳出品共進會〉，《臺灣日日新報》，大正 5 年（1916）1 月 12 日，第 2版。

〔註 52〕南投縣立文化中心，《邁向現代陶之路：南投陶二百年專輯》，頁 6。

〔註 53〕黃培蓉，〈日治時期的產業政策對南投陶的影響〉，《臺灣工藝》第 13 期（2002），頁 91。

除了南投陶外，「大甲帽蓆」也是循此模式發展起來。〔註54〕明治 30 年（1897），第一頂草編的帽子正式問世。當時總督府苑裡辦務署署長日人淺井元齡囑西勢庄婦人洪鴦所編成者為草帽製作之嚆矢。由於總督府的政策推動，才使得這項區域性的手工藝有轉變成產業的可能。明治 36 年（1903）日本在大阪舉行商業博覽會，會中設有「臺灣館」介紹臺灣特產，大甲帽界人士成立「大甲帽蓆合資會社」，並於會場積極促銷大甲帽。自大阪商人將草帽介紹給歐美商人後深受歡迎，大甲帽開始外銷。為便於外銷事物的推展，發展帽蓆業，以地方仕紳杜清為首請願，於大正 4 年（1915）6 月 5 日被核准正式成立「大甲帽蓆同業組合」，推廣帽蓆至國外市場。可惜的是，帽蓆業的黃金時代於昭和 12 年（1937）之後開始陷入產銷低迷的狀況，在局勢緊張的情形下，帽蓆無法銷售到中國大陸而漸漸沒落。〔註55〕

從南投陶和大甲帽蓆的例子可以知道，由於臺灣總督府的提倡和指導，促成傳統產業的商品化，開創臺灣工藝的新天地。這些名品遠近馳名，銷售至國內外各地，成為觀光送禮的最佳禮品，驗證了政治權力的決策帶動產業發展，進而影響觀光。

第三節　觀看與被觀看——地方意識與認同的萌芽

在工商業發達的現今，城鄉差距甚大的現代社會，地方歸屬感薄弱成為顯著的問題。自從城市興起後，人口大量集中往都會區，生活型態發生重大的改變，人們對於周遭的環境感到陌生並漠視。一般人不僅對於己身的生活環境不瞭解，甚至由於社會的變遷太快，離鄉背景的遊子每次回鄉所看到的環境也都逐年的消失改變，自然而然會失去對將鄉土的認同感與向心力。

若是藉由觀光事業的開發，為了營造當地的特色，對於傳統的文史資料

〔註54〕大甲帽蓆起源於清初的苑裡。當時的苑裡是平埔族道卡斯族喔灣麗社的生活地域，道卡斯人在這片濱海的土地上，取用海濱濕地上的野生草類蘭草來製作生活中所需要的物品。到了漢人逐漸移墾入臺灣後，看見平埔族的蘭草編製手藝，也投入學習草編的工作，相傳道光年間苑裡北勢庄人陳水之妻首先移植自家水田栽種，一方面使產量增加，一方面質地整齊，蘭草又稱「苑裡蘭」。蘭草的品質好，製作的草蓆更加美觀，是當時進貢清朝官吏的最佳禮品。爾後，蘭草編製乃成為今大安溪流域附近鄉鎮如苑裡、大甲、通霄等地方婦女們的謀生工作。王振勳總纂，《苑裡鎮志》，頁 949。

〔註55〕王振勳總纂，《苑裡鎮志》，頁 949～952。

必須作有系統的參與整理，則會建立起地方民眾的參與感與向心力。觀光也促使國人對於國家社會的人、事、地、物有更深刻的認識，增強國家意識，更加熱愛生活的環境與空間，更加關懷自己的同胞。此種濃厚的鄉土意識，無疑是維繫社會安定的一股無形的力量。〔註56〕

　　觀光之於現代社會產生如上的作用，觀光之於日治時期也扮演相同的角色。近年來，本土意識越來越上揚，關於認同的問題被廣爲討論。臺灣現今缺乏地方認同意識的主因，並非只因爲工商社會的蓬勃發展，間接造成認同危機，還受到複雜的歷史背景的影響。由於臺灣爲移民社會，來自於中國不同地方的漢人和原住民構成了臺灣多元的樣貌。不僅在語言上有差異，原住民和漢民族的文化更是天差地別；臺灣的主權更迭頻仍，第二次世界大戰以後又產生所謂本省外省情結，種種因素都造成臺灣人民對於「認同於中國」或是「認同於臺灣」產生障礙，而認同問題在政客炒作之下，成爲社會動盪不安的根源。

　　所謂的認同，是指一種我群的人如何看自己，以及他群的人如何看待我群的態度。對自身的認同必須要透過「他者」的存在才得已實現；地方認同則是以地方爲象徵符號，來劃分「我群」與「他者」。本論文指稱的地方認同當然不足以跟當今所討論的的國家認同議題劃上等號，畢竟日治時期國家主權的概念是模糊的。但是地方認同對於國家認同的發展卻是很重要的，由基本對於鄉土的認同擴大並延伸到對臺灣的情感，這樣的力量不容忽視。

　　在此，本文回歸歷史脈絡，從日治時期觀光發展的角度談論地方認同的萌芽。透過觀光活動，臺灣大眾搭乘交通工具離開日常所處的空間，移動的範圍擴大，地區間的交流遠較以往頻繁。觀光活動可以解釋爲一個觀光主體（觀光客）與客體（觀光地）的互動的過程。此過程可分爲兩個層面審視，首先，透過觀看，作爲觀光主體的觀光客藉由了解他者而獲得重新審視己身的機會；再者，作爲觀光客體的觀光地也在被觀看的過程中，發展出專屬於己身的面貌。日治時期的觀光活動，提供給臺灣居民一個重新認識生長土地的機會，形成自我認同的初步基礎。

　　從臺中州日治時期觀光的發展，可以證明觀光提倡與居民的地方意識及認同是相關的。首先，交通運輸的發達，帶給臺灣人民第一個衝擊的影響就是生活空間的擴展，臺中州的居民可以更爲便利地搭乘交通工具至其他州遊

〔註56〕楊明賢，《觀光學概論》，頁235。

覽。所謂「臺灣」的概念越來越具體化，相對於臺中州的居民，他們眼中的「他者」可能是殖民母國日本、臺南州、新竹州抑或是臺北州。只有明確地區別自己與他者的不同，才能夠產生強固的凝聚力，發展出專屬於己身的面貌。認同產生的第一步驟是要了解自己，因此昭和 2 年（1927）臺灣新八景的選拔過程比起最終的結果來說，來的更有意義。

　　從臺灣新八景的選拔活動可以肯定的是，當時透過媒體的強力宣傳，此活動掀起民間廣泛的討論。媒體不僅營造集體參與的氣氛，帶動了民眾投入活動的熱潮，同時也透過此活動，強化了地方居民對於自身居處的認同，產生愛家愛鄉的地方意識。昭和 2 年（1927）臺灣新八景的活動主辦單位「臺灣日日新報社」曾於報刊上揭載〈臺灣八景選定：讀者的鄉土愛與臺灣風景之美〉一文中：

> 吾人認爲臺灣有自身獨特的面貌，足以吸引觀光客的特點不勝枚舉。基於此點，臺灣新八景的選定活動，訴諸各位讀者的鄉土愛，共同選定臺灣獨特的風景與名勝，以作爲臺灣永遠的代表物。〔註57〕

該篇文章點出臺灣山水之美及人文歷史過人之處，呼籲大眾踴躍投票。爲期一個月的投票過程，最後的總投票數竟高達 3 億 9 千多萬票，可以說是盛況空前。雖然投票者包含海外的日本人，但不可否認的是，透過臺灣新八景的選拔活動，給予臺灣人民一個重新審視自己家園的機會進而認同自己。臺灣民眾出於認同己身的家鄉，所以藉由這個活動積極地將家鄉之美推廣出去。臺灣各地動員投票的情形相當普遍，臺中州也不例外。臺中州彰化街爲宣傳境內的八卦山，於市區進行樂隊的演奏遊行。另爲推動東勢郡所屬的八仙山入選，地方有志之士除了募集款項，也張貼「懇請投票給八仙山」的宣傳單。〔註58〕昭和2 年（1927）的《臺灣日日新報》記載到：

> 彰化八卦山今回獲選十二勝。當地人士。引以爲榮。騷人墨客。日登臨尋幽攬勝。踵爲之接。去月該地漢文讀書會度第五期徵詩。乘機擬以八卦山攬勝爲題。至期得詩兩百餘首。〔註59〕

由此資料可知，彰化八卦山入選爲十二勝，當地人士引以爲榮。臺中州各市

〔註57〕〈臺灣八景選定に就て〉，《臺灣日日新報》，昭和 2 年（1927）6 月 11 日，第2 版。

〔註58〕〈八景投票運動白熱化〉，《臺灣日日新報》，昭和 2 年（1927）6 月 23 日，第2 版。

〔註59〕〈翰墨因緣〉，《臺灣日日新報》，昭和 2 年（1927）11 月 8 日，第 4 版。

街在推動地方風景、宣傳拉票的選舉過程中，同時也反映了市街集體意識的凝聚與鄉土認同情感的建構，此一特質無疑是今日「社區營造」所追求的精神。無獨有偶的是，此精神也恰恰反應在臺中州霧峰林家所主導的地方活動上。以霧峰的「一新會」為例，其雖非觀光組織，但是其所主辦的各式參觀及休閒活動，使當地民眾漸漸有安排閒暇生活的習慣。「霧峰一新會」的目標在實踐地區自治，即以霧峰地區為活動範圍，由該會的組織部門推展各項社會、經濟以及文化活動；促進這個地區共同意識的成長，以至達到自主、自治的目標。〔註60〕從「霧峰一新會會歌」的歌詞可進一步明瞭其創會的宗旨。

1. 霧峰地土好，灌沃亦周到，豪華非所重，重在氣節高，
   進步由教育，幸福公家造，大樹根底在，風雨掃不到。

2. 庄內土地井，冥日在湧泉，來源既然深，清新不變換，
   願咱眾兄姊，仔細檢點看，生活著合理，親像日上山。

3. 臺灣美麗島，天生好圖畫，到處大城壁，因何總傾頹，
   公事請關心，祖業免荒廢，竭誠唱自新，霧峰一新會。〔註61〕

上述歌詞不但大力稱讚故鄉之美好，更擴大至歌頌臺灣之美，對鄉土之愛發揮的淋漓盡致。在當時，官方也教育人民要愛自己的家鄉。昭和13年（1938）由臺中州教育會所發行的課外讀物《鄉土のしらべ》中收錄的首篇文章〈鄉土愛〉的內容指出：「讓我們一起愛我們的鄉土吧！這是我所誕生的土地、我所成長的地方、有我的家、戶籍之處。」該文並說明愛鄉首先要懷有正直的心，路不拾遺，讓我們的家園成為人倫道德的發祥地；住民要共同扶助，為相互利益而努力；在鄉土的住民，擁有自己的家是非常重要的，有家才有根，鄉土愛的精神要從己身擴及他人；地主應該要給予小作農永久土地權，提升小作農的鄉土愛，鄉土的建設是建立在雙方的相互合作之上；鄉土必須具備信仰的中心，才會成為樂土；為了愛鄉不可忘記自己的戶籍，即使在外地生活，也要常思慕家鄉的山河風物。〔註62〕由以上內容可以知道，鄉土愛這個

〔註60〕 范燕秋，〈從《灌園先生日記》考察林獻堂的身體衛生觀及其實踐〉《日記與臺灣史研究：林獻堂先生逝世50週年紀念論文集下冊》，頁765。

〔註61〕 林獻堂著，許雪姬、鍾淑敏主編，《灌園先生日記（五）一九三二年》，頁455。

〔註62〕 臺中州教育會，〈鄉土愛〉，《鄉土のしらべ》（臺中州：編印者，昭和13年（1938）），頁1～7。此書中文名為《鄉土的旋律》。

概念在日治時期已發軔，從觀光活動及地方組織可端詳出當時地方意識逐漸凝聚；此外，日治時期臺中州下設立了許多展覽博物館。這些展覽館作爲都市觀光資源，可以說是帶動地方意識萌芽的媒介之一。展示空間的內容物，則成爲臺灣總督府施政的成果與民眾對地方產生認同的媒介。以臺中州的物產陳列館來說，該館創設於明治 35 年（1902），原設置於臺中公園內，於大正 15 年（1926）移至行啓紀念館內。館內展示州內各項工藝品和物產共 3,400樣，每日參觀者平均約 500 人。〔註 63〕臺灣總督府透過對當地物產的陳列，無形中不僅加強了商品技術的互通性。民眾透過參觀，也加深對地方文化、地方產業的認識。「南投陶」與「大甲帽蓆」在當時被視爲代表臺中州的名產而至陳列館展示，在這個空間中形塑出這個產業一個光榮的記號，也透過這個窗口打響了南投陶的名號。南投陶最令人動容的地方在於有著全村人共同汗水的付出，可說爲一種集體創作的過程。在這過程中，透過需要製作陶器這件事情，牽動起居民彼此的互動情感與對窯場的認識。〔註 64〕類似「南投陶」這樣的地方產業根源於特定之地方空間，由歷史文化涵構、生活記憶、傳統文化產物革新等歷史本位中心價值的確立，而賦予地方居民特殊之認同感及歸屬感。日治時期臺灣總督府所主導的產業發展，雖然以經濟利益爲第一目標，卻間接創造了當地居民重要的共同記憶。這些在日治時期發光發熱的傳統產業流傳至今，透過政府的輔導轉型，喚起該地區民眾共同的歷史記憶，不僅肩負重要的文化使命，也擔起凝聚地方意識的重責大任。

　　日治時期，觀光也和愛鄉及愛國家的概念明確地連結在一起。昭和 12 年（1937）臺灣鐵道刊登的文章中提及，爲了發展觀光事業，達成觀光日本的目標，呼籲人民共同力行五項要點。其中，第 1 點就是要致力於美化鄉土。美化鄉土不單只是爲了使他人體會到當地人民的高雅，也可使觀光客感到開心快活。第 2 點則是強調發展觀光必須要明確地認識自己的祖國。〔註 65〕當然，該處所指的認識祖國，指的是日本而非臺灣本身。

　　此外，昭和 14 年（1939）鐵道部觀光係的職員田村彰久也曾發表文章表示，臺灣觀光事業有四個努力的目標，其中一點就和名勝及鄉土文藝有關。

〔註 63〕大塚清賢編，《躍進臺灣大觀初編》（日本東京：中外每日新聞社，昭和 12 年（1937）），頁 203。

〔註 64〕黃培蓉，〈日治時期的產業政策對南投陶的影響〉，《臺灣工藝》第 13 期（2002），頁 93。

〔註 65〕〈觀光日本の建設へ〉，《臺灣鐵道》第 300 號（1937.06），頁 28。

內容指出臺灣的名勝景點並不多，即使有也沒有完善的維護。必須要盡力規劃觀光景點，只要有心自然會有計畫、策略與經費。觀光客的心理是尋求變化，從己身單調的生活中找尋新鮮的事物才進行觀光。但是，日本當局採行劃一主義，所以臺灣的名勝景點大多爲日本樣式，不管去到何處所見都一樣，觀光客也因此而流失。〔註 66〕所以，唯有善加利用地方特色，才能產生足以吸引觀光客的名勝景點。該文並指出在藝文方面，小說家和詩人應透過文學作品，歌頌臺灣風景，使其廣爲世人所知。〔註 67〕當時由愛鄉的地方認同所擴展的國家認同概念，在皇民化的背景之下，是否落實於臺灣民眾無法確定。但是可以確定的是，透過日治時期發揚的觀光活動，臺灣民眾有了重新審視自己家鄉的機會，從最基本對於鄉土風景的認識開始，進而喜愛自己的家鄉，以自己家鄉的產業爲榮，產生地方認同。

〔註66〕除了名勝景點以外，也有遊人反應旅館提供的餐食仍以日本料理爲主，期望能嘗到地方特色的食物。南峯生，〈臺灣の旅と飲食〉，《旅と運輸》第 27 號（1938.12），頁 20～21；杜の人，〈旅と隨筆思ひついた儘を〉，《旅と運輸》第 39 號（1939.06），頁 14。

〔註67〕田村彰久，〈觀光事業と臺灣（二）〉，《旅と運輸》第 50 號（1939.11），頁 6～7。在日本，不乏透過藝文宣傳而聲名大噪的景點。例如江戶時代後期有名的儒者賴山陽，至九州旅行，被耶馬溪的紅葉景致所感動，當時書寫的「耶馬之溪天下無雙」這一句稱讚詞，也把這個溪谷的存在昭告全國，名傳至今。

第七章　結　論

　　本論文以臺中州為例進行論述，主要著眼在殖民統治下政治權力、觀光、地方三者之間的相互關係，以及殖民地觀光發展的特殊性，並論述日本的殖民統治對於臺灣近代觀光發展的影響；回歸歷史脈絡，從後殖民的角度探討臺灣的風景觀、地方特色與觀光文化的形成；透過觀光這個展示與觀看的過程，不僅活絡地方經濟，在一定程度上對於居民地方意識的產生有影響。

　　日治時期臺灣治安漸趨穩定，公共衛生改善。此外，由於星期日制的引進，民眾養成休閒觀念，開啟臺灣近代觀光的序幕。從臺中州觀光發展的例子，進一步探討近代觀光發展和殖民統治政策的關係，可知政治力的主導和近代觀光發展息息相關。在臺灣總督府治理之下，臺灣作為具備典型殖民經濟網絡的殖民地，為迎合內地所需，經濟發展以及都市建設皆以母國利益為優先。從一個單純經濟利益導向的殖民地經營開始，間接促成臺灣近代觀光旅遊環境的形成。

　　首先是交通設施的完備。日治時期，臺灣總督府為了有效控制臺灣經濟、政治，乃著手於交通建設以及現代化港灣的開發，進而建立一個廣及城鄉整合的交通網絡。明治 41 年（1908）臺灣西部縱貫鐵路全面開通。此後，臺中州的交通網絡則以縱貫鐵路及其支線為中心，輔以私設鐵路、台車軌道和公路系統，形成綿密的交通網，對於區域間的連結有莫大貢獻。完善的交通設施使臺灣人民的生活空間擴大，得以離開日常生活圈至他處進行遊覽活動。

　　再者，則是政治權力與觀光資源的完備。日治時期臺中州的觀光資源，

是在臺灣總督府投入大量資金建設，並訂立法規加以維護而趨於完備的。
都市觀光資源方面，日治以前的臺灣市街多未經規劃，人畜共棲於同一屋簷
之下，汙水流溢至路上，生活住居的品質低落，更甭論觀光旅遊。日人治
理臺灣之後，引進衛生觀念，建設交通，並規劃休憩娛樂等相關設施。以
臺中州最大的都市臺中市為例，從明治 33 年（1900）起，經過多次市區改正
計畫，街道方正，採棋盤式格局，綠川、柳川流貫其間，加上公園綠地的
規劃，擁有優美的都市型態，蛻變成有「小京都」美稱的都市，適於觀光
旅遊。

　　由於市街改正計劃的實施，舊有城牆、城門被拆除，加上現代行政部門
的設置，連帶地產生各種不同功能的新建築，都市景觀煥然一新。這些公共
建築均被廣泛地介紹於當時的旅遊介紹書中，成為觀光客旅遊的指標。此外，
臺中州規劃了許多公園與綠地，臺中市就設有兩座公園，為一號公園（今臺
中體育場）與臺中公園（今中山公園）；彰化街也建有彰化公園。公園的設置，
一方面提供市民休閒育樂的公共場所；另一方面綠化城市、改造都市景觀。
透過公園這個都市文明產物的象徵，顯示日人統治所帶來的進步。

　　臺中州的人文觀光資源方面，依觀光學理論分類，分別是歷史文物古
蹟，如文開書院、龍目井等；各種建築，包括著名建築物及其他庭園佈置，
如臺中州廳、彰化銀行等；宗教廟宇，如林先生廟、天后宮和龍山寺等；休
閒娛樂設施，如電影院娛樂館、高爾夫球場和賽馬場；學術、文藝等各式相
關展覽；產業觀光。值得注意的是，遠在昭和 5 年（1930）日本的〈史跡名
勝天然紀念物保存法〉已在臺灣實施，透過立法重要歷史遺跡與生態被加以
保存。

　　自然觀光資源方面，臺中州境內豐富的自然觀光資源陸續被開發。尤其
是位於山間僻地的勝景，則是透過政治力，投注大量資金與人力後，才享有
盛名。依據昭和 10 年版（1935）《臺中州概觀》的記載，臺中州有以下自然
觀光資源：明治溫泉、后里庄梅林、八仙山、鐵砧山、次高山、新高山、清
水巖、日月潭、東埔溫泉、大安港海水浴場、彰化溫泉公共浴場。

　　臺中州觀光資源具備的同時，1930 年代以後，臺灣總督府鐵道部積極進
行觀光推廣活動，除了發行旅遊介紹書和雜誌以宣傳觀光，也利用票價優惠
措施招攬旅客，並舉辦助於觀光推展的相關活動，掀起臺灣民眾重新認識風
景的熱潮。昭和 12 年（1937）交通局鐵道部觀光係成立之前，臺灣的觀光事

業主要由鐵道部的旅客係主導。臺灣總督府鐵道部也會與日本國內的觀光單位合作，發行雜誌、舉行展覽會等，對於推廣臺灣觀光甚有成效。臺中州方面，則有昭和 10 年（1935）配合始政 40 年臺灣博覽會的開辦所成立的「中部臺灣宣傳協會」成立。同年 12 月「臺中州國立公園觀光協會」成立，繼承「中部臺灣宣傳協會」的工作，以國立公園為宣傳重心，發揚臺中州的山岳之美。昭和 16 年（1941），臺中市榮町（今繼光街一帶）貴田商店內，日本旅行協會臺中市旅行介紹所成立。由於觀光宣傳資訊的傳布，引發觀光客對觀光資源的想像與好奇，進而親身至觀光地遊賞。於是，一個屬於殖民者觀看臺灣風景的目光，也漸漸滲透至臺灣民眾原有的認知裡，固定的遊覽路線和景點透過宣傳逐漸為民眾所熟知。

　　在鐵道部以及地方組織的策劃下，臺中州全島性及地方性的觀光相關活動相繼展開。有些全島性的活動並非直接與觀光有關，但對於宣傳臺中州的觀光有一定的助益，如臺灣八景十二勝的選拔、國立公園的指定等。日治時期各式博覽會，也帶動了人潮的移動，尤以昭和 10 年（1935）始政四十年臺灣博覽會達到熱潮。除了全島性活動，地方上也不時會有官方與半官方所舉辦的觀光活動，比較大規模的有明治 41 年（1908）臺灣縱貫鐵路全通式、大正 15 年（1926）的中部臺灣共進會等；另有納涼大會、觀月會等規模較小的活動。此外，臺中州尚有臺灣本島的地方仕紳帶領民眾進行觀光休憩活動的特殊例子，即霧峰林家「一新會」所舉辦的各式登山遠足活動。

　　透過種種官方及半官方的觀光宣傳以及觀光振興活動的舉辦，臺中州成為觀光客凝視的對象，作為一個觀光景點登上舞臺，無疑是權力作用下產生的結果。而觀光客如何「凝視」臺中州往往取決於官方所發行的旅遊宣傳小冊或是介紹書。透過比較日治時期三本不同時間出刊的鐵道旅行刊物得知愈到後期有三個差異愈來愈顯著。第一、觀光景點漸增，增加的原因無非是因為交通路線的開發；第二、由於中日開戰以及太平洋戰爭爆發，臺灣總督府推行「皇民化運動」，旅遊書中大量增加史跡遺跡地的觀光景點介紹，觀光之教化功能顯著；第三、山岳觀光的確立。山岳觀光的確立代表兩個事實，一為統治勢力的鞏固，二為道路開發延伸至山岳地帶。

　　日治時期的臺灣，觀光發展影響地方特色的形成，甚至移植於戰後的臺灣；在觀光文化方面受到殖民統治的影響，而有了改變和創新。從臺中州的例子，可知臺中州以產業、山岳和糕點等形象為名，無疑是透過國家權力將

地方導入觀光脈絡而形成所謂的地方特色。產業形象代表日人殖民統治的成功；山岳觀光則牽涉到日人對於山岳的特殊情感及國家認同；糕點則在日人的獎勵之下蓬勃發展。雖然爲迎合日人口味，多製作仙貝和羊羹等日式點心，但臺中彰化一帶的老餅舖也就此聞名。

觀光文化方面，以社會事業爲出發點，改善臺人衛生習慣的溫泉及海水浴場，也成爲觀光的指標之一流傳至今。此外，臺灣總督府透過「市街改正計劃」以及後來的「都市計劃」設置公園於臺灣各大街市，藉以改善殖民統治階級的居住環境和公共衛生，並達到社會控制的目標。而公園的設置卻間接影響到臺灣都市近代化休憩空間的形成，改變早期以廟埕爲發展中心的市街容貌，成爲戰後都市發展的核心。

伴隨著觀光發展，地方產業發展多元化，如餐飲旅館業和觀光土產製造業隨之興起；在觀光發展的同時，地方上也有許多名產配合銷售，作爲觀光邊際效益的一環。臺中州則以「南投陶」、「大甲帽蓆」、「蓬萊漆器」最爲著名，不僅被視爲地方名產，甚至推向國際。雖然觀光土產製造業的發展和臺灣總督府的經濟政策息息相關，卻間接促成土產名製造業成爲民眾引以爲傲的指標物，促進地方凝聚力。

最後則是觀光與地方認同的萌芽。從日治時期臺中州的觀光發展，可以證明觀光提倡與居民的地方意識及認同是相關的。日治時期的觀光活動，提供給臺灣居民一個重新認識生長土地的機會，形成自我認同的初步基礎。認同產生的第一步驟是要了解自己，因此昭和 2 年（1927）臺灣新八景的選拔過程比起最終的結果來說，來的更有意義。當時透過媒體的強力宣傳，臺灣新八景的選拔掀起民間討論的熱潮，強化了地方居民對於自身居處的認同，產生愛家愛鄉的地方意識。無獨有偶的是，官方也教育人民要愛自己的家鄉，鄉土愛這個概念在日治時期已發韌，從地方組織也可端詳出當時地方意識逐漸凝聚。

此外，日治時期臺中州下設立了許多展覽博物館。臺灣總督府透過對當地物產的陳列，無形中不僅加強了商品技術的互通性。民眾透過參觀，也加深對地方文化、地方產業的認識。日治時期，觀光也和愛鄉及愛國家的概念明確地連結在一起。當時由愛鄉的地方認同所擴展出去的國家認同的概念，在皇民化的背景之下，是否落實於臺灣民眾無法確定。但是可以確定的是，透過日治時期發揚的觀光活動，臺灣民眾有了重新審視自己家鄉的機會，從

最基本對於鄉土風景的認識開始，進而喜愛自己的家鄉，以自己家鄉的產業爲榮，產生地方認同。

　　日治時期臺中州的觀光發展，在殖民者政策介入之下，發展出異於己身文化的面向，卻也促進臺灣民眾產生新的認同指標。透過此研究，檢視現今的臺灣的觀光現況，雖然臺灣所擁有的世界級自然觀光資源並不多見，卻不難發現許多被隱沒的歷史遺產。倘若政府能重視這些珍貴的歷史性觀光資源，將其作爲文化觀光產業的一環加以推廣，增加臺灣觀光產業的內涵，並從中發揚臺灣文化，提供給臺灣民眾一個新的認同指標，可謂相得益彰。

附　錄

一、日治時期日本尺貫法與公制換算表

（一）長度

尺貫法（曲尺）		公　　制
1里	36町	3.9272727 公里
1町	60間	109.0909 公尺
1段（反）	6間	10.90909 公尺
1丈	10尺	3.030303 公尺
1間	6尺	1.8181818 公尺
1尋	6尺	1.8181818 公尺
1尺	10寸	0.3030303 公尺
1寸	10分	3.030303 公分
1分	10厘	3.030303 公厘
1厘	10毛	0.3030303 公厘

（二）面積

尺　貫　法		公　　制
1町	10段	0.991736 公頃
1段（反）	10畝	9.9173554 公畝
1畝	30坪	0.99174554 公畝

1步	30坪	0.99173554 公畝
1坪	10合、36平方尺	3.3057851 平方公尺
1合	10勺	0.33057851 平方公尺
1勺		0.033057851 平方公尺
1平方里	15552段	15.42347 平方公里
1平方間	1坪	3.3057851 平方公尺
1平方尺	100平方寸	0.091827365 平方公尺

（三）容積

尺　貫　法		公　　　制
1石	10斗	180.39068 公升
1斗	10升	18.039068 公升
1升	10合、64827立方分	1.8039068 公升
1合	10勺	1.8039068 分公升
1勺		18.039068 毫升
1立坪	216立方尺、1立方間	6.0105184 立方公尺
1立方尺	1000立方寸	0.027826474 立方公尺
1立方寸	1000立方分	27.826474 立方公分

（四）重量

尺　貫　法		公　　　制
千貫	1000貫	3.75 公噸
1貫	1000勺	3.75 公斤
1斤	160勺	0.6 公斤
1勺	10分	3.75 公克
1分	10厘	375 毫克
1厘	10毛	37.5 毫克
1毛		3.75 毫克

參考資料：臺灣總督府民政部殖產局權度課，《臺灣度量衡法規》（臺北：編印者，明治40年（1907）），頁2～5；陳慧先，〈「丈量台灣」：日治時代度量衡制度化之歷程〉（臺北市：國立臺灣師範大學歷史系碩士班論文，2008年），頁137～138。

二、明治 41 年（1908）、大正 12 年（1923）及昭和 17 年（1942）臺中州旅遊景點介紹

（一）明治 41 年（1908）《臺灣鐵道名所案內》臺中州下景點介紹

車站名稱	景　點　資　訊
後里庄站 （今后里）	1. 大甲街：距車站 3 里處，是有名的大甲蓆產地。
葫蘆墩站 （今臺中市 豐原區）	1. 媽祖宮：位於市街中央，於農曆 2 月 15 日、3 月 23 日、6 月 19 日舉行祭典，香客眾多。 2. 聖王宮：位於市街中央，農曆 2 月 25 日、7 月 28 日舉行祭典，拿香捧花的香客群集。 3. 東勢角街：距離車站 3 里 20 町，林產豐富的繁華市街。 4. 釣魚：位於車站北方 1 里的大甲溪，適於釣魚。 ＊交通資訊 轎　子→運費每里兩人抬 20 錢；三人抬 27 錢。遇雨天道路泥濘時，運費增加四成。 人力車→可搭乘人力車前往臺中、東勢角、牛罵頭。運費每里一人拉為 15 錢；兩人拉 25 錢。包車一日 1 圓。遇雨天道路泥濘增加兩成。
潭子墘站 （今臺中市 潭子區）	＊交通資訊 轎　子→運費每里 35 錢。 人力車→運費每里 20 錢。
臺中站	1. 臺中街：被規劃為中部的大都市，進行市區改正，設置溝渠下水道縱橫交錯。建築規模宏大，為繁華市街。 2. 商品陳列館：位於車站旁，規模雖小卻網羅了臺灣的物產品；陳列日本內地的美術工藝品以供參考。此館為啟發本島產業為目的而設立。 3. 臺中公園：距車站數町，樹木婆娑、泉水清冽。 4. 臺中市場：距車站 3 町的距離，位於街道旁。設計新穎，設有汙物排泄設備。蔬果雜貨的店鋪相連，早晚均熱鬧。 5. 草鞋墩：距臺中街 4 里 35 町，輕便鐵道的車站。此處可通往南投街、埔里社。 6. 南投街：距臺中站 7 里 1 町，為輕便鐵道的終站。藍田書院為此地文廟，大部分作為公學校用。市街中央有丹壁巍然的南投廳，附近有日本內地人所經營的商店。此地出產南投陶。 7. 集集街：從南投出發經過新街、濁水等庄，沿著濁水溪右岸 4 里 18 町即可到達。 8. 水社湖：從集集街繞過集集大山的山麓，沿濁水溪河岸走 18 町，經過柴橋頭庄，從社仔庄開始漸進入山地。越過土地公安嶺的險坡，經過五城堡等村落就會到達水社庄。水社湖位於水社庄之前，又稱日月潭。日月潭可說是臺灣絕勝之地，但地處偏遠。 9. 埔里社：從水社湖出發，經過貓蘭、新城庄，穿過崎嶇山路，橫越平野再走一里即可到達。此地商業頗盛，有旅館料亭，是木材樟腦香菇的產地。可從臺中搭乘輕便鐵道於草鞋墩下車，再雇轎子經由龜仔頭到達此地，此為捷徑。

	*交通資訊 輕便鐵道（此處指台車）→ 從臺中到南投有輕便鐵道可達。途中有阿卓霧（霧 峰）、草鞋墩、南投輕便鐵道站。往阿罩霧一人押台車，車資 55 錢； 往萬斗六，車資 79 錢；往草鞋墩，車資 91 錢；往南投車資 1 圓 29 錢。 一人押車最多乘坐兩人；兩人押台車則可乘坐四人，車費則較一人 押台車多五成。 轎　子→ 運費每里兩人抬 25 錢內；三人抬 35 錢內。遇風雨夜間增五成。 人力車→ 運費每里 20 錢。
烏日站	1. 郵局辦事處：本站設有郵局辦事處，處理儲匯業務。
大肚站	1. 大肚北白川宮遺跡地：距車站 1 里 10 町的大肚庄。北白川宮能久親王征討本 島槍林彈雨時，曾於此處露營。 2. 龍目井泉：距車站 2 里半。其泉水據說可治眼病，臺灣人甚至會遠從臺北至此 地取水。 3. 沙轆街（今沙鹿）：距車站 3 里 16 町。 4. 牛罵頭街（今清水）：距車站 5 里多。該地富豪蔡敏南的洋風住屋建於市街中 央，巍然樹立。市街一隅有壯麗的觀音堂。 5. 塗葛崛港：距車站 3 里 18 町的大肚溪河口。由於縱貫鐵路的開通，漸趨荒廢。 目前只有來往於大稻埕與淡水的汽船。 6. 釣魚：距車站僅 8 町。大肚溪適於釣魚，逢夏季每日至此地釣魚者達數十 人。
彰化站	1. 彰化市街：舊時彰化縣城，為中部繁華市街。 2. 南瑤宮：位於南門外，距車站南方 1 里山秀水明之處。香火鼎盛，參拜香客一 年可達三萬人，與北港朝天宮齊名。 3. 孔子廟：位於東門內，距車站約 4 町。有稱為「彰化學宮」之稱，雕刻美輪美 奐，為中部第一建築之稱。 4. 觀音亭：位於城內中央，距車站約 3 町。雍正 2 年創建之古蹟。 5. 嶽帝廟：位於距車站約 3 町的東門內，也稱為天宮壇。 6. 八卦山：位於距車站 7 町的東門外。向上攀登 2 町距離可俯瞰彰化市街。有舊 炮臺、北白川宮能久親王駐車遺跡地。山麓為彰化公園。 7. 虎山巖：位於車站東方 30 町處的白沙坑庄，乾隆 12 年（1747）地方人士賴光 高募資所建，此地猶如神仙之境。 8. 鹿港：位於彰化街西邊 3 里的沿岸地帶的本島人市街。 *交通資訊 輕便鐵道（指台車）→ 從彰化到鹿港有輕便鐵道可達。途中經過莿桐腳、馬鈴 山、許厝、崎溝庄，路途 3 里。台車四人乘到鹿港車資 60 錢。 轎　子→ 每里兩人 20 錢。 人力車→ 運費每里 12 錢。
茄苳腳站 （今彰化縣 花壇、金墩 、中庄等村）	1. 虎山岩寺：位於車站東北 30 町的，白沙坑庄土名大坑內。 2. 八堡圳瀑布：距車站西南約 6 町。 *交通資訊 可搭乘轎子至鹿港，路程 2 里 24 町，道路平坦。搭乘費用 60 錢。 轎　子→ 每里兩人抬 25 錢以內。三人抬 35 錢以內。
員林站	1. 梅林：距車站東方 1 里 3 町八卦山脈的湖水庄。 2. 打獵釣魚：位於車站東北 1 里 10 町的大庄境內有沼澤。

	＊交通資訊 從員林到南投街有新闢的道路，路況平坦，可通牛車與人力車。 人力車→每里 12 錢。 轎　子→每里兩人抬 24 錢；三人抬 30 錢。
社頭站	1.清水巖廟：距車站 28 町遠的大武群山山麓，廟內安置三寶佛與十六羅漢。 2.打獵釣魚：位於車站東北 20 町，有一鴨母滴池，25 甲地廣。夏季可賞蓮釣魚，冬季可以補鴨。 ＊交通資訊 轎　子→每里兩人抬 24 錢；三人抬 30 錢。
田中央站 （今彰化縣 田中鎮）	1.打獵：北斗二林間南濁水溪的溪畔一帶，獵雉雞的好地方。 ＊交通資訊 轎　子→每里兩人抬 24 錢。 輕便鐵道（指台車）→從車站到北斗距離 4 里 4 分 1。乘坐台車一人 25 錢；二人 35 錢；三人到四人 55 錢。包車則是 55 錢。載貨一台車 700 斤 55 錢。
二八水站 （今二水）	無 ＊交通資訊 往集集街雖有國道但目前路況被破壞，人力車和牛車無法通行，只有轎子可以通行；往南投方向正在開新道，完工則車馬可通。

（二）大正 12 年版（1923）《臺灣鐵道旅行案內》臺中州下景點介紹

車站名稱	景　　點　　資　　訊
日南站	1.大安溪護岸攏壁：距離火車站約十町。總延長兩里的長堤。 2.火炎山
大甲站	1.北白川宮能久遺跡地：距離火車站約十町。 2.鐵砧山：距離火車站 18 町。 3.大安港
甲南站	無
清水站	無
沙鹿站	1.梧棲港：距離火車站西方約 30 町。可從沙鹿搭乘台車前往，一人押爲 27 錢，兩人押則是 30 錢。
龍井站	1.龍目井 2.塗葛崛港：距離停車場西方 2 里多，爲中部良港。
大肚站	1.北白川宮能久遺跡地：距離火車站東方約 30 町的小丘。
大安站	1.大安溪
后里站	1.水力電氣發所：距離車站西北邊 15 町，可搭輕便鐵道前往。車費 3 等金 4 錢 2 圓。 2.月眉製糖所：位於距火車站幾里的月眉庄可搭輕便鐵道前往，火車費三等車 13 錢。

	3. 蔗苗養成所：位於火車站東南方 15 町處，海拔 800 至 1,200 公尺的高原，未註明如何前往。
豐原站	1. 製麻會社：位於車站北端，販賣麻布麻袋麻絲。 2. 東勢庄：距離車站東方 3 里 15 町，物資集散地，可搭台車前往。一人押 68 錢，兩人押 88 錢。 3. 大湳庄蔗苗養成所：位於停車場東邊 4 里 9 町，海拔 1,600 公尺的高地。屬總督府殖產局管理每年供給各製糖株式會社 12 萬株蔗苗。 4. 八仙山檜林：位於車站東邊 12 里 28 町的大檜林。貯木場位於土手，占地 960 坪。從車站到白毛設有 15 哩 8 分長的台車軌道。
潭子站	無
臺中站	1. 臺中公園：位於停車場北邊 9 町處，市街的東端。鐵道全通式後閑院宮的休憩所目前仍保留，樹木蓊鬱境內有臺中神社昭忠碑、後藤男爵銅像、北門樓、物品陳列館。 2. 臺中神社：屬於縣社位於臺中公園境內。 3. 帝國製糖會社：位於車站附近。 4. 臺中市場：販賣魚類蔬果雜貨。 5. 主要的官衙會社：臺中州廳、大屯郡役所、市役所、地方法院、監獄、臺中公會堂、郵便局、測候所、醫院、步兵第三大隊、公立中學校、憲兵分遣所、公立商業學校、小學校、公學校、帝國製糖會社、臺灣銀行支店、彰化銀行、臺灣新聞社、臺灣製粉會社、臺灣青果物會社。 交通轉乘資訊：從臺中到南投及埔里一帶 1. 輕便鐵道→ 　臺中到南投：18 哩 8（帝國製糖會社）。車費三等車 76 錢；一等車 1 圓 52 錢。 　南投到二水：12 哩（明治製糖會社）。車費三等車 48 錢；一等金 72 錢。 2. 手押台車→ 　南投到集集：11 哩 4。一人押 86 錢；兩人押 1 圓 12 錢。 　集集到埔里：27 哩 1。一人押 2 圓 44 錢；兩人押 3 圓 20 錢。
烏日站	1. 臺中製糖會社製糖所：位於火車站前。
王田站	無
彰化站	1. 八卦山：位於火車站東南方 7 町處，北白川宮能久遺跡地。西邊遙望可見鹿港，東邊爲山巒起伏之丘陵。自古爲彰化八景之一。 2. 孔子廟：距離車站 4 町的東門內。 3. 南瑤宮：嘉慶年間所建立祭祀天上聖母。 4. 觀音亭：又稱開化寺，祭祀觀音菩薩。 5. 新高製糖會社：距離火車站 30 町（兩哩）的中寮庄，有輕便鐵道可以到達。車費三等車 8 錢；一等金爲 2 倍。 6. 鹿港街：距離火車站西方 2 里 34 町的海濱，從彰化火車站搭乘輕便鐵道前往。火車費三等車 36 錢；一等爲 2 倍。
花壇站	無
員林站	1. 明治製糖會社溪湖製糖所：距火車站 2 里，有輕便鐵道可搭。車費三等車 22 錢；一等則倍算。 2. 獵魚池：距離火車站東北一里多位於大店的沼澤區。夏季可以釣魚；冬天可以獵鴨子等水禽。

社頭站	1.獵魚池：距離車站東北 20 町，稱爲鴨母滴的池子。夏天可賞蓮和釣魚；冬天可獵鴨。
田中站	1.北斗街：距離車站西邊 2 里半，有輕便鐵道可通。車費三等車 25 錢。二等車則增加 5 成，爲物資集散地。 2.林本源製糖會社：距離車站西方三里半的溪洲，有輕便鐵道可以通。車費爲三等車 35 錢；一等車增 5 成。 3.二林庄：距離火車站西邊 7 里半之處，可搭乘明治製糖會社經營的輕便鐵道前往。車費三等車 73 錢，二等車 5 成。
二水站	1.南投街：距離車站東北四里二十四町，搭乘輕便鐵道前往。此地以南投陶爲名。火車費三等車 48 錢；一等增五成。 2.埔里街：距離車站 16 里 26 町的番界。可搭乘輕便鐵道從二水到名間，再從名間轉搭台車，約需耗費一日。車費三等車 28 錢；一等增 5 成。一人押 3 圓 4 錢；兩人押爲 3 圓 98 錢。 3.集集庄：位於火車站東方五庄半，濁水溪的右岸，可從二水搭輕便軌道到名間再轉搭台車。車費三等車 28 錢一等金爲倍。台車一人押 60 錢；兩人押 78 錢。 4.日月潭：距離南投街東南 20 町處埔里街的南 4 里，集集庄的東方 5 里。水社大山西麓連山的 2 千 5 百公尺處。前往日月潭可從集集涉過濁水溪的河原越過土地公安嶺的陡坡；從集集或是南投搭乘台車到魚池下車，越過 1 公里的下坡可到達；或搭乘台車在水里坑附近下車，和尙山的南麓月落徒步 1 里可到達湖畔。走山路險峻的烏啼坂，約走 8 町後，路面便平緩，可搭轎子前往。

（三）昭和 17 年版（1942）《臺灣鐵道旅行案內》臺中州下景點介紹

1.縱貫線

車站名稱	景　點　資　訊
大安站	1.杜鵑花之原：位於大安溪對岸的高原，適於採蕨。是踏青的好去處，有許多從臺中而來的踏青者。 2.火焰山：火炎山的赤土崩塌，彷彿有火焰正在燃燒，因而有此名。
后里站	1.毘蘆禪寺：祀奉釋迦摩尼，展望極佳。 2.殖產局后里蔗苗養成所 3.臺中州后里產馬牧場
豐原站	1.豐原神社 2.東勢神社 3.東勢街：位於大甲溪右岸進入番界的要地，因八仙山森林事業而發達。 4.臺灣總督府殖產局附屬大滴蔗苗養成所 5.八仙山 6.明治溫泉
潭子站	無
臺中站	1.臺中神社　　　　　　　2.臺中公園 3.行啓紀念館　　　　　　4.芭蕉檢查所 5.臺中州立農事試驗廠　　6.專賣局臺中支局

烏日站	無
王田站	1. 臺中競馬場
彰化站	1. 彰化神社　　　　　　　2. 觀音亭 3. 虎山巖　　　　　　　　4. 孔子廟 5. 八卦山　　　　　　　　6. 北白川宮能久親王遺跡 7. 北白川宮親王駐營遺址　8. 八卦山公園 9. 彰化溫泉　　　　　　　10. 鹿港街 11. 鹿港軍狀視察之所
花壇站	無
員林站	1. 東山 2. 北白川宮能久親王滴港西舍營所 3. 員林神社 4. 秋津村 5. 溪湖街
社頭站	1. 清水巖 2. 天蠶飼育和蠶絲製造所
田中站	1. 田中神社 2. 北斗街 3. 二林街 4. 北白川宮能久親王北斗舍營址 5. 三五公司源城農場 6. 豐里村及鹿島村
二水站	1. 臺灣合同鳳梨株式會社二水工廠 2. 增澤萬樹園 3. 松柏坑
林內站	1. 濁水溪 2. 竹山街 3. 帝國大學附屬竹山演習造林地

2. 海岸線

車站名稱	景　　點　　資　　訊
苑裡站	1. 火炎山
日南站	無
大甲站	1. 北白川宮能久親王大甲舍營所 2. 鐵砧山 3. 大安港 4. 大安港海水浴場
甲南站	無

清水站	1. 清水神社 2. 北白川宮能久親王牛罵頭舍營所 3. 觀音廟 4. 高美海水浴場
沙鹿站	1. 梧棲街 2. 新高港
龍井站	1. 龍目井 2. 塗葛窟港
大肚站	1. 北白川宮能久親王大肚舍營所
追分站	無

3. 集集線

車站名稱	景　　點　　資　　訊
鼻子頭站	無
濁水站	1. 松柏坑受天宮 2. 南投街 3. 草屯街
隘寮站	無
集集站	1. 「開闢洪荒」的巨石：清光緒 13 年（1887）雲林知縣陳世烈令吳光亮率三營之兵討伐該地番人，使之歸順。進而開鑿八通關方面道路之時，特於多處立此巨石以茲紀念。 2. 「化及蠻貊」的巨石 3. 「山通大海」的巨石 4. 集集公園：公園中央有樹齡六百年的樟樹；新高神社。 5. 陸軍憲兵殉難碑：此碑位於集集公園內，爲紀念明治 29 年 6 月 29 日土匪蜂起之際戰死之憲兵。
水裡坑站	1. 日月潭 2. 新高山 3. 新高登山景觀：龍神橋、新山、郡坑溪、內茅埔、十八頂溪、理番碑文、筆石、楠子腳万、和社、東埔溫泉、東埔新崖、雲龍瀑布、少女瀑布、觀高、八通關、新高等。 4. 八通關越途中景觀 5. 霧社 6. 能高越途中景觀
外車埕站	1. 日月潭

資料來源：臺灣總督府鐵道部，《臺灣鐵道名所案内》（臺北州：江里口商會，明治 41 年（1908））；臺灣總督府鐵道部，《臺灣鐵道旅行案内：大正 12 年版》（臺北州：同編者，大正 12 年（1923））；臺灣總督府鐵道部，《臺灣鐵道旅行案内：昭和 17 年版》（臺北州：東亞旅行社臺灣支部，昭和 17 年（1942））。

三、日治時期臺灣各大都市車站紀念章

資料來源：西川榮一，〈スタンプスタンプスタンプ　ほいほいほい〉，《臺灣鐵道》第 235 號
　　　　　（1932.05），頁 90～100；西川榮一，〈艷姿初見世見参〉，《臺灣鐵道》第 281 號
　　　　　（1935.11），頁 57～59；《臺灣鐵道》第 311 號（1938.05），頁 6～7。

參考書目

一、基本史料

1. 《旅と運輸》。臺北州：臺灣交通問題調查研究會，1937～1939、1941 ～1942 年。

2. 《臺灣日日新報》。臺北：臺灣總督府，1896～1944 年。

3. 《臺灣時報》。臺北：臺灣總督府，1930～1946 年。

4. 《臺灣運輸月報》。臺北州：臺灣交通協會，1941～1944 年。

5. やまと新聞臺灣支局編，《臺灣週遊概要》。臺北市：成文出版社，日本 昭和 2 年（1927）排印本影印，1884 年。

6. 大甲公學校編，《大甲鄉土の概觀》。臺中州：編印者，1932 年。

7. 大塚清賢編，《躍進臺灣大觀初編（一）》。臺北市：成文出版社，日本昭 和 12 年（1937）三版排印本影印，1983 年。

8. 大塚清賢編，《躍進臺灣大觀初編（二）》。臺北市：成文出版社，日本昭 和 14 年（1939）四版排印本影印，1983 年。

9. 大塚清賢編，《躍進臺灣大觀續編（三）》。臺北市：成文出版社，日本昭 和 14 年（1939）四版排印本影印，1983 年。

10. 小川嘉一編，《臺灣鐵道旅行案內》。臺北州：臺灣總督府鐵道部交通局 內日本旅行協會臺灣分部，1935 年。

11. 中島春甫，《溫泉案內》。臺北州：臺灣案內社，1930 年。

12. 中西伊之助，《臺灣見聞記》。日本東京：實踐社，1937 年。

13. 中部臺灣共進會協讚會著，《中部臺灣共進會誌》。臺中州：編印者，1926 年。

14. 中部臺灣宣傳協會編，《中部臺灣宣傳協會事業報告書》。臺中州：編印 者，1936 年。

15. 井出季和太，《臺灣治績志》。臺北市：南天書局，1997 年（原刊於昭和 12 年（1937））。

16. 氏平要編，《臺中市史》。臺中州：臺灣新聞社，1934 年。

17. 王正雄總編輯，《中縣口述歷史第三輯》。臺灣臺中：臺中市立文化中心，1994 年。

18. 王仲孚總纂，《沙鹿鎮志》。臺灣臺中：沙鹿鎮公所，1994 年。

19. 王振勳總纂，《苑裡鎮志》。臺灣苗栗：苗栗縣苑裡鎮公所，2002 年。

20. 伊能嘉矩著、楊南郡譯，《臺灣踏查日記（下）》。臺北市：遠流出版社，1996 年。

21. 吉村巖，《國立公園：台湾国立公園指定紀念號》。臺北州：臺北州：厚生省體力局國立公園協會，1938 年。

22. 全國中等學校地理歷史科教員協議會，《第九回協議會及臺灣南支旅行報告》。日本東京：編印者，1932 年。

23. 全臺灣旅館組合聯合會編，《臺灣の旅：臺灣博覽會特輯號》。臺北州：編印者，1935 年。

24. 杉山靖憲編，《大甲郡の地方色》。臺中州：大甲郡役所，1929 年。

25. 志賀重昂著，近藤信行校訂，《日本風景論》。日本東京：岩波書店，1995 年。

26. 沈征郎等著，《細說臺中》。臺北市：聯合報社，1978 年。

27. 沼井鐵太郎著、吳永華譯，《臺灣登山小史》。臺灣臺中：晨星出版社，1997 年。

28. 李貽鴻，《觀光學導論》。臺北市：五南圖書出版公司，2003 年。

29. 佐倉孫三，《臺風雜記》。臺灣南投：臺灣省文獻委員會，臺灣歷史文獻叢刊，1996 年（原刊於 1903 年）。

30. 東勢郡役所，《東勢郡勢一覽》。臺中州：編印者，1939 年。

31. 林熊祥主修、林平祥纂修、臺灣省文獻會主編，《臺灣省通志稿：第十八冊卷四經濟志工業‧交通篇》。臺北市：捷幼出版社，臺灣史料叢刊第 6 輯，1999 年。

32. 林輝堂總編輯，《臺中市珍貴古老照片專輯‧第四輯》。臺灣臺中：臺中市政府，2000 年。

33. 林玟君，《從探險到休閒：日治時期臺灣登山活動之歷史圖像》。臺灣臺北：博揚文化出版社，2006 年。

34. 林獻堂著、許雪姬等註解，《灌園先生日記（一）一九二七年》。臺北市：中央研究院臺灣史研究所籌備處、近代史研究所，2000 年。

35. 林獻堂著、許雪姬等註解，《灌園先生日記（二）一九二九年》。臺北

市：中央研究院臺灣史研究所籌備處、近代史研究所，2001 年。

36. 林獻堂著、許雪姬等註解，《灌園先生日記（三）一九三○年》。臺北市：中央研究院臺灣史研究所籌備處、近代史研究所，2001 年。

37. 林獻堂著、許雪姬等註解，《灌園先生日記（四）一九三一年》。臺北市：中央研究院臺灣史研究所籌備處、近代史研究所，2001 年。

38. 林獻堂著、許雪姬等註解，《灌園先生日記（五）一九三二年》。臺北市：中央研究院臺灣史研究所籌備處、近代史研究所，2003 年。

39. 林獻堂著、許雪姬等註解，《灌園先生日記（六）一九三三年》。臺北市：中央研究院臺灣史研究所籌備處、近代史研究所，2003 年。

40. 林獻堂著、許雪姬等註解，《灌園先生日記（七）一九三四年》。臺北市：中央研究院臺灣史研究所籌備處、近代史研究所，2004 年。

41. 林獻堂著、許雪姬等註解，《灌園先生日記（八）一九三五年》。臺北市：中央研究院臺灣史研究所籌備處、近代史研究所，2004 年。

42. 林獻堂著、許雪姬等註解，《灌園先生日記（九）一九三七年》。臺北市：中央研究院臺灣史研究所籌備處、近代史研究所，2004 年。

43. 林獻堂著、許雪姬等註解，《灌園先生日記（十）一九三八年》。臺北市：中央研究院臺灣史研究所籌備處、近代史研究所，2004 年。

44. 秋守常太郎，《臺灣旅行》。日本大阪：編印者，1947 年。

45. 南投郡役所，《南投郡管內概況》。臺中州：編印者，1939 年。

46. 泉風浪編，《臺中州大觀》。臺中州：自治公論社，1922 年。

47. 洪慶峰總編輯，《中縣口述歷史第一輯》。臺灣臺中：臺中市立文化中心，1991 年。

48. 洪敏麟編著，《臺灣舊地名之沿革第二冊（下）》。臺灣臺中：臺灣省文獻委員會，1984 年。

49. 郁永河，《裨海紀遊》。臺灣南投：臺灣省文獻委員會，臺灣歷史文獻叢刊，1959 年（原刊於 1697 年）。

50. 春日賢一，《臺湾遊記》。日本長野：編印者，1927 年。

51. 徐國士等著，《國家公園概論》。臺北市：明文書局，1997 年。

52. 姚瑩，《東槎紀略》。臺灣南投：臺灣省文獻委員會，臺灣歷史文獻叢刊，1996 年（原刊於 1829 年）。

53. 唐贊袞，《臺陽見聞錄》。臺灣南投：臺灣省文獻委員會，臺灣歷史文獻叢刊，1996 年（原刊於 1891 年）。

54. 能高郡役所，《能高郡管內概況》。臺中州：編印者，1932 年。

55. 高拱乾纂、周元文增修、臺灣史料集成編輯委員會編，《臺灣府志》。臺北市：行政院文化建設委員會，臺灣史料集成清代臺灣方志彙刊第二

冊，2004 年。

56. 陳哲三總編纂、張永楨編纂，《竹山鎮志（下冊）：交通志》增修版。臺灣南投：竹山鎮公所，2002 年。

57. 張人傑，《臺灣社會生活史：休閒遊憩、日常生活與現代性》。臺灣臺北：稻鄉出版社，2006 年。

58. 張勝彥編纂，《臺中市史》。臺灣臺中：臺中市立文化中心，1999 年。

59. 陳俊，《臺灣道路發展史》。臺北市：交通部運輸研究所，1987 年。

60. 陳石煌，《臺灣風景紹介誌》。臺北州：臺灣風景紹介誌發行所，1935 年。

61. 陳石煌，《樂園臺湾の姿》。臺北州：麗島出版部，1936 年。

62. 游登良總編輯，《臺灣國家公園史》。臺北市：內政部營建署，2002 年。

63. 黃秀政總主持、施添福主持，《鹿港鎮志：地理篇》。臺灣彰化：彰化縣鹿港鎮公所，2000 年。

64. 黃秀政總主持、戴寶村主持，《鹿港鎮志：交通篇》。臺灣彰化：彰化縣鹿港鎮公所，2000 年。

65. 黃秀政，《臺中縣海線開發史》。臺灣臺中：臺中市立文化中心，2001 年。

66. 黃秀政、張勝彥、吳文星，《臺灣史》。臺北市：五南圖書出版公司，2002 年。

67. 黃叔璥，《臺海使槎錄》。臺灣南投：臺灣省文獻委員會，臺灣歷史文獻叢刊，1996 年（原刊於 1722 年）。

68. 黃武達編，《日治時期臺灣都市發展地圖集》。臺北市：南天書局，2006 年。

69. 新高郡役所，《新高郡管內概況》。臺中州：編印者，1935、1936、1939 年。

70. 國立彰化師範大學地理學系編，《彰化南瑤宮志》。臺灣彰化：彰化市公所，1997 年。

71. 許雪姬、薛化元、張淑雅等撰文，《臺灣歷史辭典》。臺北市：行政院文化建設委員會，2004 年。

72. 臺中州，《臺中州概觀》。臺中州：編印者，1935～1937、1943 年。

73. 臺中州，《臺中州要覽》。臺中州：編印者，1925、1933 年。

74. 臺中州，《臺中州管內概況及事物概要》。臺中州：編印者，1936～1940 年。

75. 臺中州，《臺中州統計書》。臺中州：編印者，1925～1941 年。

76. 臺中州文書課，《臺中州管內概要》。臺中州：編印者，1921 年。

77. 臺中州教育課，《臺中州社會事業要覽》。臺中州：編印者，1940 年。

78. 臺中商工會議所編，《臺中商工案內》。臺中州：編印者，1941 年。

79. 臺中市立文化中心編，《中縣口述歷史第二輯》。臺灣臺中：編印者，1992 年。

80. 臺中廳庶務課，《臺中管內概要》。臺中廳：編印者，1919 年。

81. 臺灣日日新報社，《臺灣地方制度要覽》。臺北州：臺灣日日新報社，1920 年。

82. 臺灣旅行社，《臺灣名勝指南》。臺北州：榮泰印書館，1947 年。

83. 臺灣經世新報社編輯局，《臺灣大年表》。臺北州：臺北印刷株式會社，1938 年。

84. 臺灣總督府內務局土木課，《市區計畫關係例規集》。臺北州：編印者，1934 年。

85. 臺灣總督府內務局編，《臺灣都市計畫講習錄》。臺北州：編印者，1937 年。

86. 臺灣總督府交通局鐵道部編，《臺灣鐵道旅行案內》。臺北州：編印者，1930 年。

87. 灣總督府交通局鐵道部編，《臺灣鐵道旅行案內》。臺北州：東亞旅行社臺灣支部，1942 年。

88. 灣總督府交通局鐵道部編，《臺灣觀光の栞》。臺北州：編印者，1940 年。

89. 灣總督府交通局鐵道部編，《臺灣鐵道名所案內》。臺北州：編印者，1941 年。

90. 臺灣總督府編，《臺灣事情》。臺北：編印者，1916～1945 年。

91. 臺灣總督府編，《臺灣總督府事物成績提要 95》。臺北市：成文出版社，1985 年。

92. 臺中州教育會，《鄉土のしらべ》。臺中州：編印者，1938 年。

93. 臺灣新聞社編，《臺灣を代表するもの》。臺中州：編印者，1935 年。

94. 嘉義市玉川公學校編，《嘉義鄉土概況》。臺北市：成文出版社，1985 年。據日本昭和 8 年油印本影印，1985 年。

95. 劉枝萬、石璋如等纂，《南投縣志稿（一）》。臺北市：成文出版社，中國方志叢書第 74 號，1983 年（原刊於 1954 年）。

96. 蔡培火、陳逢源、林柏壽等著，《臺灣民族運動史》。臺北市：自立晚報社，1983 年，第 3 版。

97. 蔡慧玉撰稿，《中縣口述歷史第四輯》。臺灣臺中：臺中市立文化中心，1997 年。

98. 蕭富隆主編、林啓三翻譯，《日治時期新高郡轄內概況》。臺灣南投：南投縣立文化中心，1996 年。

99. 篠原正巳，《臺中：日本統治時代の記錄》。臺北市：財團法人臺灣區域發展研究院臺灣文化研究所，1996 年。

100. 渡部慶之進，《臺灣鐵道讀本》。日本東京：春秋社，1939 年。

101. 柴山愛藏，《臺灣之交通》。臺北州：臺灣交通研究，1925 年。

102. 喬治馬偕（G. L. Mackay）、麥克唐納（J. A. Macdonald）編、林耀南譯，《臺灣遙寄》。臺灣南投：臺灣省文獻委員會，1959 年。

103. 劉修祥，《觀光學導論》。臺北市：揚智文化事業公司，2007 年。

104. 橋本白水，《臺湾一周》。臺北州：南国出版協会，1929 年。

105. 橋本白水，《我觀臺灣》。臺北州：東臺灣研究會，1931 年。

106. 薛化元編著，《臺灣開發史》。臺北市：三民書局，1999 年。

107. 羅坤榮，《臺中州治と其功勞者》。臺北州：政界春秋社臺灣支社，1937 年。

108. 趣味の臺灣社，《趣味の臺灣》。臺北州：編印者，1933 年。

109. 藤山雷太，《臺灣遊記》。日本東京：千倉書房，1936 年。

110. 鶴長嘉伸太，《觀光と産業の臺湾》。臺北州：編印者，1932 年。

二、專書與論文集

1. John Urry 著、葉浩譯，《觀光客的凝視》。臺北市：書林出版，2007 年。

2. 王珊珊，《近代臺灣縱貫鐵路與貨運運輸之研究（1887～1935）》。臺灣新竹：新竹縣文化局，2004 年。

3. 王正雄、廖月霞、蕭淑君主編，《餅圓探源：豐原糕餅發展史暨文藝季活動紀實》。臺灣臺中：臺中市立文化中心，1997 年。

4. 呂紹理，《水螺響起：日治時期臺灣社會的生活作息》。臺北市：遠流出版社，1998 年。

5. 呂紹理，《展示臺灣——權力、空間與殖民統治的形象表述》。臺北市：麥田出版社，2005 年。

6. 李榮鈞，《沙鹿鎮戲院娛樂滄桑史話》。臺灣臺中：臺中市沙鹿鎮公所，2001 年。

7. 吳永華，《臺灣歷史紀念物：日治時期台灣史蹟名勝與天然紀念物的故事》。臺北市：晨星出版公司，2000 年。

8. 岡本伸之，《觀光学入門》。日本東京：有斐閣出版社，2001 年。

9. 林文龍，《臺灣中部的開發》。臺北市：常民文化事業公司，1998 年。

10. 林良哲、袁興言，《臺中文獻第六期：臺中市歷史建築發展回顧》。臺灣

臺中：臺中市文化局，2003 年。

11. 林良哲等著，《臺中公園百年風華》。臺灣臺中：臺中市文化局，2003年。

12. 卓神保，《鹿港寺廟大全》。臺灣彰化：財團法人鹿港文教基金會，1984年。

13. 南投縣立文化中心，《邁向現代陶之路：南投陶二百年專輯》。臺灣南投：編印者，1995 年。

14. 洪英聖，《臺灣先住民腳印》。臺北市：時報出版社，1994 年。

15. 高成鳳，《植民地鉄道と民衆生活》。日本東京：法政大學出版局，1999年。

16. 高成鳳，《植民地の鉄道》。日本東京：日本經濟評論社，2006 年。

17. 康原編，《影像中的彰化》。臺灣彰化：彰化縣文化局，2000 年。

18. 張軍堂，《臺灣觀光資源開發之研究》。臺北市：幼獅文化事業公司，1984年。

19. 許雪姬編，《日記與臺灣史研究：林獻堂先生逝世 50 週年紀念論文集（下冊)》。臺北市：中研院臺灣史研究所，2008 年。

20. 陳元陽，《台湾の原住民と国家公園》。日本福岡：九州大学出版会，1999年。

21. 陳永豐編輯，《臺中電影傳奇》。臺灣臺中：臺中市政府，2004 年。

22. 陳志聲編，《水竹居主人日記學術研討會論文集》。臺灣臺中：臺中市文化局，2005 年。

23. 陳柔縉，《臺灣西方文明初體驗》。臺北市：麥田出版社，2005 年。

24. 陳儀深等編纂，《臺灣的社會：從移民社會、多元文化到土地認同》。臺灣臺北：財團法人群策會李登輝學校，2004 年。

25. 傅朝卿撰文，《臺灣建築摩登化的故事：走過一個半世紀的臺灣近現代建築脈絡》。臺北市：行政院文化建設委員會，2006 年。

26. 曾山毅，《植民地臺湾と近代ツーリズム》。日本東京：青弓社，2004年。

27. 程佳惠，《臺灣史上第一大博覽會：1935 年魅力臺灣 show》。臺北市：遠流出版社，2004 年。

28. 黃世孟等著，《日據時期臺灣都市計劃範型之研究》。臺北市：國立臺灣大學土木工程學研究所都市計劃研究室，1987 年。

29. 黃武達，《日治時代臺灣都市計畫歷程之建構（1895～1945）》。臺北市：南天書局，2000 年。

30. 黃富三、翁佳音主編，《臺灣商業傳統論文集》。臺北市：中央研究院臺

灣史研究所籌備處，1995 年。

31. 劉麗卿，《清代臺灣八景與八景詩》。臺北市：文津出版社，2002 年。

32. 楊明賢，《觀光學概論》。臺北市：揚智文化事業公司，2002 年。

33. 楊正寬，《明清時期臺灣旅遊文學與文獻研究》。臺北市：國立編譯館，2007 年。

34. 葉龍彥，《日治時期臺灣電影史》。臺北市：玉山社出版社，1998 年。

35. 廖炳惠，《認同、差異、主體性》。臺北市：立緒出版社，1997 年。

36. 廖炳惠，《關鍵詞 200：文學與批評研究的通用辭彙編》。臺北市：麥田出版社（初版 12 刷），2008 年。

37. 遠藤英樹、堀野正人編，《観光のまなざしの転回──越境する観光学》。日本東京：春風社，2004 年。

38. 蔡龍保，《推動時代巨輪：日治中期臺灣國有鐵路 1910～1936》。臺北市：臺灣書房，2007 年。

39. 鄭政誠，《認識他者的天空──日治時期臺灣原住民觀光行旅》。臺灣臺北：博揚文化出版社，2005 年。

40. 鄧相揚，《日月潭史話》。臺北市：交通部觀光局日月潭國家風景管理處，2000 年。

41. 橋谷弘，《帝國日本と植民地都市》。日本東京：吉川弘文館，2004 年。

42. 蕭瓊瑞，《懷鄉與認同：臺灣方志八景圖研究》。臺北市：典藏藝術家庭出版社，2006 年。

43. 賴志彰編，《臺灣霧峰林家留眞集：近‧現代史上的活動 1897～1947》。臺北市：自立報系文化出版部，1989 年。

三、期刊論文

1. Nash. Dennison, "Tourism as a Form of Imperialism." In Hosts and Guests: The Anthropology of Tourism. Valene LSmith ed. Philadelphia: University of Pennsylvania Press,1989. pp. 37~52.

2. 山中速人，〈開発批判からポスト近代観光へ──ポスト・コロニアルな世界とオルタナティブ・ツーリズム〉，《国際交流》第 89 号，2000 年 10 月，頁 11～14。

3. 五島寧，〈臺北都市計画に見る植民地統治理念に関する研究〉，《都市計画》第 236 號，2002 年 4 月，頁 84～92。

4. 林秀姿，〈一個都市發展策略的形成：1920～1940 年間嘉義市街政治面的觀察（上）〉，《臺灣風物》第 46 卷第 2 號，1996 年 2 月，頁 35～57。

5. 林秀姿，〈一個都市發展策略的形成：1920～1940 年間嘉義市街政治面的觀察（下）〉，《臺灣風物》第 46 卷第 3 號，1996 年 3 月，頁 105～127。

6. 松金ゆうこ，〈植民地臺湾における観光地形成の一要因——嘉義市振興策としての阿里山観光〉，《現代臺湾研究》第 22 期，2001 年 10 月，頁 110～124。

7. 孟祥瀚，〈藍張興庄與清代臺中盆地的拓墾〉，《興大歷史學報》第 17 期，2006 年 6 月，頁 395～430。

8. 洪敏麟，〈綜觀臺灣山地社會結構與文化演變之軌跡〉，《臺灣文獻》第 22 卷第 3 期，1971 年，頁 26～54。

9. 洪敏麟，〈從東大墩街到臺中市的都市發展過程〉，《臺灣文獻》第 26 卷第 2 期，1975 年，頁 116～139。

10. 根橋正一，〈臺湾における都市形成の過程と特徴〉，《流通經濟大學社會學部論叢》第 11 卷第 2 號，2003 年 3 月，頁 51～76。

11. 根橋正一，〈日本植民地時期臺湾における国際観光の成立〉，《流通經濟大學社會學部論叢》第 16 卷第 1 號，2005 年 10 月，頁 15～45。

12. 陳哲三，〈「水沙連」及其相關問題研究〉，《臺灣文獻》第 49 卷第 2 期，1998 年 6 月，頁 35～57。

13. 張朝服，〈臺湾における外国支配勢力による観光事業への影響〉，《立教観光学紀要》第 1 號，1999 年，頁 33～42。

14. 夏鑄九，〈殖民的現代性營造：重寫日本殖民時期台灣建築與城市的歷史〉，《台灣社會研究季刊》第 40 期，2000 年 12 月，頁 47～82。

15. 連慧珠，〈殖民歷史下地方的文化意識〉，《彰化文獻》第 7 卷，2006 年 8 月，頁 41～46。

16. 曾山毅，〈日本植民地期における北投温泉の形成：日本温泉文化の移植と植民地統治〉，《立教大學觀光學部紀要》第 2 号，2000 年 3 月，頁 26 ～70。

17. 黃培蓉，〈日治時期的產業政策對南投陶的影響〉，《臺灣工藝》第 13 期，2002 年，頁 83～94。

18. 溫振華，〈日據時期臺中市之都市化〉，《思與言》第 26 卷第 1 期，1988 年，頁 81～100。

19. 溫振華，〈清代臺灣中部的開發與社會變遷〉，《師大歷史學報》第 11 期，1983 年 6 月，頁 43～95。

20. 葉龍彥，〈日治時期臺灣觀光行程之研究〉，《臺北文獻》第 145 期，2002 年 9 月，頁 83～110。

21. 葉龍彥，〈1908 年在臺灣觀光史上的意義〉，《臺北文獻》第 151 期，2005 年 3 月，頁 103～135。

22. 蘇碩斌，〈觀光／被觀光：日治臺灣旅遊活動的社會學考察〉，《臺灣社會學刊》第 7 期，2006 年 3 月，頁 85～129。

四、學位論文

1. 吳怡靜，〈日治時期高雄市的觀光發展研究——以交通與旅館爲主〉。臺灣高雄：國立高雄第一科技大學應用日語研究所碩士論文，2006 年。

2. 吳美華，〈日治時期臺灣溫泉建築之研究〉。臺灣桃園：中原大學建築研究所碩士論文，2001 年。

3. 宋南萱，〈臺灣八景從清代到日據時期的轉變〉。臺灣桃園：國立中央大學藝術學研究所碩士論文，2000 年。

4. 張倩容，〈日治時期臺灣的觀光旅遊活動〉。臺灣臺中：東海大學歷史研究所碩士論文，2006 年。

5. 張孟秋，〈戰後臺中市的產業發展（1947～2004）〉。臺灣臺中：國立中興大學歷史研究所碩士論文，2005 年。

6. 陳慧先，〈「丈量台灣」：日治時代度量衡制度化之歷程〉。臺北市：國立臺灣師範大學歷史研究所碩士論文，2008 年。

7. 黃玉惠，〈日治時期休閒景點北投溫泉的開發與利用〉。臺灣桃園：國立中央大學歷史研究所碩士論文，2004 年。

8. 廖紫均，〈地方認同建構：以鹿港爲例〉。臺灣新竹：國立清華大學人類學研究所博士論文，2007 年。

9. 蕭肅騰，〈日治時期臺灣殖民觀光意象之解構〉。臺灣嘉義：南華大學亞太研究所碩士論文，2003 年。

五、網路資料

1. JACAR（アジア歴史資料センター）Ref. A03021794599 御署名原本・昭和 6 年（1931）・法律第 36 号・國立公園法：
http://www.jacar.go.jp/DAS/meta/listPhoto?IS_STYLE=default&ID=M2006 090418595374355（2008/10/08）

2. 日治時期臺中公園照片：
http://library.taiwanschoolnet.org/cyberfair2003/C0335400016/homepage.htm（2009/03/01）

3. 日治時期鹿港天后宮照片：
http://www.lugangmazu.org/menu2/history.aspx（2009/02/28）

4. 臺灣歷史檔案資源網，手押台車照片：
http://ithda.ith.sinica.edu.tw/?action=info&id=15%E2%8C%A9（2009/03/07）

5. 鄭玉珍餅鋪網站：
http://www.jyj.com.tw/jyj2009/history.php（2009/01/14）